「自分らしく生きて死ぬ」ことがなぜ、難しいのか

行き詰まる「地域包括ケアシステム」の未来

野村晋

JN003946

光文社新書

「自分らしく生きて死ぬ」ことがなぜ、難しいのか

目次

第4章 「地域包括ケアシステム」と「地域共生社会」の、その先に―― 215

本文図版／デザイン・プレイス・デマンド

はじめに　地域包括ケアシステムに未来はあるのか？

確実に多様性を増しつつある社会

筆者は、東京23区ではなく東京の郊外のまちに住んでいる。そのまち中を歩いていると、最近、外国人と日本人の夫婦、そしてその子ども、というファミリーを見かけることが多くなった。また、筆者はよく妻とテレビドラマの話をするが、ＬＧＢＴが題材の要素になっているものも増えてきたと感じる。

日本という国がいよいよ本格的な成熟期に移行してきたということだろうか、ダイバーシティという言葉に実態が伴ってきたということだろうか、人々の価値観や暮らしが多様なものとなり、また、それを受け入れることが望ましいことだ、という雰囲気に少しずつ、かつ着実になってきていると感じる。

また、団塊の世代という、高度経済成長とバブル期を駆け抜け、自らの齢《よわい》を重ねることと日本が国として成長することがシンクロしてきた世代が75歳を目前にしている。この世代は、日本が豊かになる中で、それぞれの自分らしい生き方というものを追求するようになっていった世代だ。

このため、高齢者も、一律のサービスを受けるのではなく、自らの価値観に合ったものを選択したいという考えが基本になっている（デイサービスで皆と一緒に折り紙をしたり歌を歌ったりするのを嫌がる高齢者が増えているとも聞く）。筆者の両親を見ても、それぞれ個性が強く、自らの生き方を妥協《だきょう》せずに人生を謳歌《おうか》している。

実際に、人々のライフスタイルは、仕事をしながら子育ても、ということはもちろんのこととして、障害や疾病を抱えていても、子育てやキャリアを追求し、仕事も1つではなく2つ3つの兼業、85歳でも現役……など、様々なスタイルが存在するようになっているし、筆者は純粋に素敵なことだと思う。しかし、それを実現できる人は限られている、という現実がある。

これからの社会、という話をする時、少子高齢化だ、社会保障費が膨《ふく》れて大変になる、というマイナスの話ばかりが取り上げられるが、立ち止まって、日々の人々の暮らしからどんな社会が期待されるかを考えてみると、多様なライフスタイルを選択する（＝どのような状況にあっても、自らが思う「より良い暮らし」を実現する）ことを可能にする社会なのではないかと思う。

国の抱える2つの課題と、目指す社会

では、目線を少し高くして、国というレベルでも、これから必要とされる社会について考えてみよう。

日本は少子高齢化とそれに伴う人口減少社会の到来を目の前にしているが、これらは日本の社会構造を大きく変える社会環境の変化である。こうした中にあっては、社会として考えなければならない点は、「社会を構築する費用負担の課題」と「人材に関する課題」である。

この２つの課題はいずれも、解決されなければ地域や経済成長の維持・発展の足かせになるものであり、国や自治体、企業がＳＤＧｓ（持続可能な開発目標）に取り組む昨今にあって、地域と経済の持続可能性という点からも取り組まなければならない課題であろう（現に、筆者が出向した岡山県岡山市では、この２つを取り組むべき課題として位置付けて施策を展開し、ＳＤＧｓ未来都市として国から認定されている）。

具体的には、費用負担という観点で言えば、社会保障関連経費が多くを占めるが、これからの高齢化率の高まりを踏まえた社会保障関連経費の増加への対応をどうするのかという課題がある。また、人材という観点で言えば、人が少なくなる中で、支える人材をどう確保するか、生産性を下げないようにするための人材管理はどうするか、技術革新をどう活用するかなど、様々な議論を要する。

筆者はその中で、費用負担の観点にあっては、社会保障関連経費の適正化、つまりは、いかに健康であることを可能にするか、特に生活習慣を要因とする疾病（生活習慣病やがんなど）の予防が大切になると考える。人材という観点においても同様に、多くの人が抱える生活習慣を要因とする疾病や福祉的課題が与える影響（疾病や福祉的課題によって仕事に100の力を注ぐことが困難になる状況など）を見過ごしてはならないと考える。

２０４０年には、今の現役層と言われる年齢層の人口は大きく減少する。これにより、今後は、これまでの、「現役層や健康に不安のない人、課題を抱えていない人が中心となって経済を支える」という発想では立ち行かず、「疾病にならないように、課題を抱えないように、する」ことから一歩進めて、「**人が何らかの疾病や福祉的課題を抱えていることは当たり前**」という前提に立ち、その前提の下で皆が活躍していくことが必要になると考えられる。

ここでもやはり、多様なライフスタイルの下で多様な選択を可能にする社会というところに行き着くのである。

切り札として必要とされる地域包括ケアシステム

それでは、政府としては、どんな社会を構築しようとしているのだろう。

筆者が在籍している厚生労働省が今の取り組みを講演する場面で、必ず入る資料がある。それは、地域包括ケアシステムを説明するシートである。

地域包括ケアシステムは、社会保障に精通した人なら聞いたことはあるだろうが、今まで厚生労働省が主張してきたもので説明すると、「誰もが住み慣れた地域で自分らしく最期まで暮らすことができる社会」を実現するシステムである。

詳細は後述するが、端的に言えば、家で医療（看取《みと》り時の対応を含めたもの）を受けることができるよう、定期的な訪問診療を可能にする（これを「在宅医療」という）とともに、ヘルパーや看護師、薬剤師などが家に来て、ケア（体調の管理や薬の調整、身体介助など）を行ってくれるような環境を作るものであって、つまりは、老いて最期を迎える時に自宅で暮らすことを可能にする、というものである。

これは政府の目標としてあるだけではなく、多くの人（約5割）が自宅での最期を希望しているが、実際には8～9割の人は病院で亡くなっており、最期の場所についてさえ、多くの人は自らの価値観に合った選択をすることができていないという現実がある。厚生労働省は、この選択を可能にするよう、地域包括ケアシステムの実現を至上命題として取り組んできている。

では、この地域包括ケアシステムは、「人生の最終局面」の選択を可能にするということのみに限定されたシステムなのだろうか。この点について筆者は、高齢期に限定されたシステムとは考えてはおらず、むしろ、人生のあらゆる局面において「多様なライフスタイルに則《のっと》った選択を可能にする」社会の構築の土台となるものこそが、この地域包括ケアシステムであると考えている。

つまり、この地域包括ケアシステムを土台とし、それを深化させ、具現化するために必要なことを考えていくことができれば、理想とされる社会システムは構築できると考えている。

10年以上の取り組みにもかかわらず、実現しない状況

しかし、ここに最大の課題がある。この人生の最終局面の選択を可能にする地域包括ケアシステムは、具体的に実現が進みつつあるのかと言えば、全く芳《かんば》しくない状況にある。理想となる社会の土台となるはずのシステムが、すでに実現に手間取っているのである。

地域包括ケアシステムの構築が必要と国が動き出した平成20年代前半から、約10年が経過している。もっと厳密に言えば、地域包括ケアシステムが国が取り組むべき政策として指摘されたのは、平成15年の高齢者介護研究会がまとめた「２０１５年の高齢者介護」であり、実に15年以上の月日が流れている。

各地方自治体が、そのケア論として地域包括ケアシステムに意義を感じ、また、現場の医療関係者と介護関係者も必要性を理解し、日本中がこぞって地域包括ケアシステムの実現に邁進《まいしん》することになっている。しかしながら、高齢化社会の課題年として言われている２０２５年を目の前にしても、地域包括ケアシステムが一定程度は形作られたとされる自治体は数少ない。

また、地域包括ケアシステムとは一体どのような効果を導き出すものであり、どうなれば一定程度の完成となるのかをはっきりと認識することがなく取り組んでいる自治体も少なく

ない。地域包括ケアシステムをどうすれば完成することができるのか、どうあれば完成したと言えるのかは、地域の状況によって異なるとされるが、約10年以上取り組みを進めてもいつも同じ地域が先進地として挙がっていることを、国、都道府県、市町村の担当者は危機感を持って考えなければならない。

具体的には、**地域包括ケアシステムの構築主体である「市町村」が置かれている状況をよく知る**、ということであると筆者は思う。

市町村は、介護サービスの体制整備には長《た》けている。しかし、在宅医療を推進するというミッションを実行しようとすると、それは診療所や病院において在宅医療がどこでも安定して提供できる体制を作るということであり、医師会など医療関係職種の団体と医療提供のあり方についての議論をする必要が出てくる。

詳細は後述するが、これは介護の領域の話ではなく、医療制度・医療行政の話（さらには医療経営の話）であって、市町村が主体となってチャレンジすることは、とても難易度が高いと言わざるを得ないというのが現状である。

本書の目的

筆者は、先にも書いたとおり、地域包括ケアシステムを土台として新たな社会システムを考えようとする行政マンであるため、この地域包括ケアシステムの必要性が理解され、日本のあらゆる自治体でこのシステムが着実に実現されることを願ってやまない。そのため、2回の出向経験をしているが、2回とも、具体的な地域包括ケアシステムの構築に携《たずさ》わっている。

こうしたことから、本書では、日本中の行政、医療、介護の関係者がこぞって実現を目指す地域包括ケアシステムについて、目的と効果、一方で実現が進んでいないという状況、そして、実際に筆者が現場で行った実現のアプローチについて、まずはそれぞれを紹介したい。

そして、地域包括ケアシステムが机上の空論ではないこと、また、このシステムの可能性も感じていただいた上で、今後の少子高齢化とそれに伴う人口減少社会、そして価値観が多様化する社会の中で必要とされる社会システムとして、地域包括ケアシステムを発展させた考え方（新たな時代の地域包括ケアシステム。筆者はこの書で「**全世代型の地域包括ケアシステム**」と言うことにしている）と、それを実現していく中で必要とされる方策・チャレンジについてお示しさせていただき、様々な方々の議論の糧《かて》にしていただければと思っている。

第1章

地域包括ケアシステムは、どこまで出来上がっているのか？

（1）地域包括ケアシステムとは何か？

地域包括ケアシステムは、日本の暮らしのベースとなるシステムとして、国、厚生労働省が進めているものである。

それは果たしてどういうものなのか、なぜそこまでして進めているのか、ということについて、まず書いていきたい。

はじまりは広島県尾道市

地域包括ケアシステムは、１９７０年代に、今の広島県尾道市（旧御調町《みつぎちょう》）の尾道市立総合医療センター公立みつぎ総合病院の医師・山口昇《のぼる》先生が、当時の老人病院における高齢者の状態を問題視され、「寝たきりにさせない」という考え方で取り組みを進めたのが最初と言われている。

具体的には、脳血管疾患による手術後の患者が、寝たきりになって再入院となることに問題意識を持ち、医療や看護を自宅などに出前するサービスを作りつつ、診療所、そして、介護との連携を図り、さらには行政機関の健康管理センターも同じ建物に入れて、医療と介護の一体的なサービス体制を構築した。

これにより、寝たきり高齢者の数は減り、また、医療費も軽減されるという効果が示された。つまり、地域包括ケアシステムは、ケア論の観点からも、医療費削減という公的課題の観点からも、実現を追求することが求められるものであることが示されたのである。

老人病院問題の解決

こうした実例の取り組みが進められていく中で、当時の厚生省（現・厚生労働省）において、老人病院問題の解決が議論され、介護保険制度の創設などが実現していくのであるが、その介護保険制度が施行されて数年後の平成15年に、高齢者介護研究会で、介護の目指すべき形として、自立に向けたリハビリテーションの重要性を切り口に、地域包括ケアシステムが国策として目指すべき姿であることが示されている。

その後、平成18年の制度改正で、介護保険制度の概念に「予防」という考え方が位置付けられ、今の地域包括ケアシステムを実現する要素が制度の中に揃《そろ》ったと言うことができる。そして、平成21年度の地域包括ケア研究会において、地域包括ケアシステムは、介護分野における議論にとどまらず、医療との協働、介護予防、生活支援、住まいを統合して考えるものとして、整理された。

具体的には、以下のような方向が示されている（平成21年度地域包括ケア研究会報告書〔平成22年3月〕より抜粋）。

○昨年度の「地域包括ケア研究会」報告では、「地域包括ケアシステム」について「ニーズに応じた住宅が提供されることを基本とした上で、生活上の安全・安心・健康を確保するために、医療や介護のみならず、福祉サービスを含めた様々な生活支援サービスが日常生活の場（日常生活圏域《けんいき》）で適切に提供できるような地域での体制」と定義し、「おおむね30分以内」に必要なサービスが提供される圏域として、具体的には中学校区を基本とするとしている。

○団塊の世代が75歳以上となり高齢化ピークとなる２０２５年には、病気や介護が必要な状態になっても適切なサービスを利用して個人の自立とＱＯＬの追求が可能になるよう、医療や介護を通じた個々人の心身状態にふさわしいサービスが切れ目なく提供できるようなサービス提供体制の改革が実現し、「地域包括ケアシステム」が構築されていることが必要である。

○このため、高齢者の尊厳、個別性の尊重を基本に、できる限り住み慣れた地域で在宅を基本とした生活の継続を支援することを目指し、高齢化の進行等による要介護高齢者数の増大を踏まえたサービス全体の量的拡充を図るとともに、単独・夫婦のみ世帯の増加、認知症を有する高齢者の増加、医療と介護の双方を要する者の増大など、要介護高齢者の状態像の変化を踏まえたサービスシステムの機能強化が不可欠である。

○地域には、介護保険サービス（共助）だけでなく、医療保険サービス（共助）、住民主体のサービスやボランティア活動（互助）、セルフケアの取り組み（自助）等数多くの資源が存在するが、これらの資源は未《いま》だに断片化している。今後、それぞれの地域が持つ「自助、互助、共助、公助」の役割分担を踏まえながら、有機的に連動して提供されるようなシステム構築が検討されなければならない。

こうして、地域包括ケアシステムは全容が明らかになり、その後、平成26年に「地域における医療及び介護の総合的な確保の促進に関する法律」と改正される中で、法律として具体的な形となって、国策として進められることとなっている。

（2）なぜ、皆が地域包括ケアシステムと言うのか？

1．必要とされる3つの理由

なぜ、地域包括ケアシステムを、国や都道府県、自治体が躍起《やっき》になって構築しなければならないのか。

これについては、地域包括ケアシステムが、人々の生活の質の向上を実現するための支援・サービスを体系的に構築していく社会システムであるとする中で、大きく3つの切り口から説明できる。

最期を家で迎えたい、というニーズに応える

まず、高齢化社会における市民ニーズに応えるという切り口からの必要性である。「はじめに」にも記したとおり、市民が最期を迎えたい場所は、自宅など住み慣れた地域が約半数を占めるが、実際には病院などで亡くなる方が８割、９割になってしまっているという現状がある。つまり、市民ニーズと現場との間で乖離《かいり》が生じている。

市民の思いは、日本が成熟していく中で多様になり、生活の質を追求するようになっている。こうした中で、最期を迎える段階になり、治癒するかどうかわからない（複数の疾患を抱えて限りなく治癒の可能性が低い）状態にあって、「治療を受ける人」として過ごすのか、それとも、「生活者」として暮らして最期を迎えるのか、を選択したいと思う人が増えてきていると考えられる。これは、東京大学高齢社会総合研究機構の辻哲夫特任教授が示している「生活者としての最期を可能とする」ことが求められているということである。

このニーズに応えるための社会システム、それが地域包括ケアシステムである。

なお、これは、「最期」という時点に焦点を当てた非常に限られた人のニーズということで片づけてはいけない。自らの生活を考えた時、誰が病院でずっと暮らしたい、家族と離れ

て施設で暮らしたいと思うだろうか。日常生活を営む上で、病気を抱えていても（そして、それは最期を迎えていようといまいと）家で暮らしたいという、人として至極《しごく》当然に抱える思いを、いかに実現するのかを考えることにつながるものと捉える必要があろう。

生活者として暮らし続けるためのサービスを整備する

2つ目としては、目指す社会像を実現可能とするために必要とされる体制を整備していくという、サービス充実の切り口からの必要性である。

地域包括ケアシステムの議論がされる中で、生活者としての生活や最期を可能にするサービスとは何かを考え、在宅医療、訪問看護やリハビリテーション、住まい、そして予防のサービスといった、多様なサービスが必要になるとされた。

地域包括ケアシステムという概念が示されるまでは、介護保険サービスの整備は、介護保険料の水準を横目に見つつ、介護保険の担当によって漠然と進められていた（介護保険サービスを充実させれば良く、施設サービスを増やそうが在宅サービスを増やそうが、特段のメルクマール〔＝指標〕なく進められた）。

だが、地域包括ケアシステムという概念が示された後は、「生活者として暮らすことを可能とするために」真に必要なサービスは何か、そして、「生活者として暮らすこと」が地域の中で実現可能になっているのかということをメルクマールとして、各地域の介護サービスの充実について考えることができるようになったのである。

社会保障費を適正化する

そして、3つ目として、地域全体、国全体で必要とされるサービスの供給を考えていく中での「最適な社会保障費」を導き出すという切り口からの必要性である。

これは、地域包括ケアシステムを構築するという方針の下では、市民ニーズを基に、在宅医療はもとより、予防サービス、施設を含めた介護サービス、住まい、生活支援サービスがどの程度あれば十分なのかが議論され、それらの利用についても適切なバランスでなされて、結果として、医療費の適正化、社会保障費の適正化につながっていくということである。

このことは、広島の現・尾道市で培《つちか》われた研究成果にもあるとおり、地域包括ケアシステムを導入したことで、老人病院で高齢者（脳血管疾患患者など）を看取っていくよりも医療費が抑制されることが明らかになっている。

ただし、この時、利用者のニーズを横に置いて、あの手この手で支援をし尽くすことなどを目指すのではなく、あくまで、生活者として暮らし、最期を迎えることができる環境の整備（生活の質の追求）の中で、真に必要なものを前提とするということに十分に留意する必要がある。

2．地域包括ケアシステムに今、取り組む必要性

高齢化に備えるためだけではない

地域包括ケアシステムは、このように3つの切り口から必要性が説明される。

そして、筆者は、このシステムは高齢化社会の課題解決という観点においてのみ必要なことではなく（必要とされる背景の1つに高齢化社会はあるが、高齢化に備えるためだけに必要なことではない）、だからこそ、余計に、この地域包括ケアシステムに今のうちに取り組むべきであると主張したい。

以下、その考え方について、少し書きたい。

地域包括ケアシステム自体は、医療と福祉（もちろんその周辺の住まいなども含めて）が連動して実現されるものであるが、それでは、これからの日本に暮らす人々（高齢者に限らず）の暮らしで起きること、医療・福祉で受け止めなければならないことは、どういったことであろうか。

これについて具体的に考えてみると、

・医療の進展、高齢化、生活の成熟化により、治癒しない疾病（大半がいわゆる生活習慣を要因とする疾病）と付き合って生きていく社会の到来。

・その上で、個々人の尺度で判断されるより良い生活の質の追求が最大の課題となる社会の到来。

である。これらに対応するためには、

・まず、いかに、生活習慣を良くして疾病の状態にならないように社会全体で健康増進に取り組むことができるか。

・そして、医療・介護・福祉が必要になった時、いかに生活の質を落とすことなく、医療・介護・福祉の支援を受けながら自分らしく暮らしていくことができるか。

にチャレンジできるようにする必要があるであろう。

そして、これらを実現するために重要な取り組みの1つとして、筆者は、今の医療と福祉の提供体制の考え方を変えていくことがあると考えている。

疾病を抱えていても、生活の質を追求できる社会

今現在は、治癒を徹底的に追求するヘルスケアシステムである。だからどうしても「完治を目指した治療」を優先することになり、その後に生活の話があって、介護など福祉の出番となる。

しかし、これからは、(多くの人が罹患《りかん》する疾病や死因の大半が生活習慣を要因とする疾病であり、罹患すると完治が難しいものであるから)生活習慣を要因とする疾病を抱えながらも、どうやって生活の質を追求できるかといった点からのヘルスケアシステム(疾病の罹患を理由に色々な選択肢をあきらめるのではなく、抱えながらより良い生活を追求するため

に必要な医療や福祉などを一体として考える提供体制）に変えていくことが求められる。

そして、そのシステムの実現を図る場はどこになるのかと考えると、価値観が多様化し、生活の質といった、曖昧《あいまい》、かつ、十人十色のものを追求するヘルスケアシステムであるから、多様な資源が存在する「地域」が中心になるのが自然であろう。

これからのヘルスケアシステムは、個々の医療機関によって実現が図られるものではなく、地域に存在する医療機関、施設、住民、行政、企業など、あらゆるプレイヤーが多様に絡《から》み合って実現していくことが期待される。

多職種で取り組むヘルスケアシステム

具体的なシステムとしては、基本的には、

・そもそもは生活習慣を課題とする人が疾病に移行しないよう、予防の段階で地域全体が（医療関係者に限定せず、企業なども含めた取り組みとして）取り組み、
・医療的介入が必要になった場合（なりつつある場合も含まれる）には、在宅医療のシステムのように、地域のプロの医療専門職が医師の指示の下で動き、具体的な対応として

は、薬の処方だけでなく運動や栄養管理などもトータルで、患者一人ひとりの生活習慣を管理していく。

・それと同じタイミングで、（必要な場合に）より質の良い生活を送れるよう、生活全体に目を配り、福祉などの必要な支援について医療と組み合わせて考えていく。

というようなものになると考えられる。つまり、「**医師（病院）が治すヘルスケアシステム**」から「**医師を始めとする多職種（地域）が個々の生活について健康の観点からマネージメントするヘルスケアシステム**」への改変である。

この生活習慣を要因とする疾病が中心となり十人十色に生活の質を追求する社会に対応するためのシステムの大枠は、「医師を扇《おうぎ》の要《かなめ》とした多職種で、生活の質を良くするために取り組む」というものである。

これは、高齢化社会において、高齢者が自分らしい暮らしを実現して生活の質を高めていくためのシステムである地域包括ケアシステムのコアの考え方と、全く同じである。

このため、今のうちに、地域包括ケアシステムについて、行政と医療関係者は必要性を再認識するとともに、具体的な構築に向けて議論を重ねていくことが望ましい。

なぜなら、このタイミングで一度、地域包括ケアシステムについて議論し、それについて具体的な構築に向けた第一歩を踏み出すことができれば、基本的な考え方に大きな違いはないのであるから、あとはそれを応用していくプロセスを進めることで、これから来る時代（「ポスト地域包括ケアシステム」と言われる時代）に必要なシステムの議論について、スムーズに進めることができるからである。

これまでは、高齢化社会に立ち向かうために地域包括ケアシステムの実現が急務と言われていたが、今後の２０２５年以降に目を向けて、必要な医療と福祉の提供体制を考えた時、今のうちに地域包括ケアシステムの実現に向けた動きを確実なものにしておかなければならない、ということである。

（3）「実はほとんど出来上がっていない」という現実

それでは、各地では、地域包括ケアシステムについて、どこまでの動きができているか、少し確認をしてみたい（なお、この（3）以降の本章の記載における「地域包括ケアシステム」は、「高齢者」にスポットを当てた在宅医療や、「最期」を見《み》据《す》えたものとして記載している）。

なかなか整わない在宅医療の取り組み

地域包括ケアシステムを構成するものとしては、先の平成21年度の整理を見ると、

ア　在宅医療の体制整備とそれを踏まえた医療と介護の協働。

イ　元気高齢者から要介護状態にある高齢者までの健康維持・改善、予防の徹底。

ウ　住まいと生活支援のあり方。

の３つである。

そして、この３つの取り組みは、大きく、

・医師や看護師、薬剤師、リハビリ職といった専門職で専門的なケアを提供する部分。
・電球の交換などの身近な困り事や見守りといった地域力によるネットワークで可能にする支援の部分。

の２つに分けることができる。

筆者は、多くの自治体や現場の人と地域包括ケアシステムの構築について話をする機会があるが、その中の多くは、介護サービスの整備と地域包括支援センターによる介護予防事業の推進、そして、地域力を活用した拠点づくりや生活支援の体制づくりに奔走《ほんそう》しているというものである。

一部の地域では、これに、地域の医師、訪問看護の看護師、リハビリ関係職種といった医療職の人々が、介護のケアマネジャーや介護職の人々と地域のあり方について議論して交流を深めているといった話も加わる。

これらはどれも、地域包括ケアシステムの整備に向けて議論・検討を進めているものであり、これらが進むことは着実に地域包括ケアシステムの実現に近づいてはいる。

しかし、これらの多くは、「地域力によるネットワーク」に重点を置いた取り組みである。もう1つの「専門的なケア」の部分、特に、在宅医療に関係する取り組みに着手している自治体は決して多くない（着手していたとしても研修会などにとどまるものが大半である）。

確かに、地域力によるネットワークが充実すれば、そこで暮らしている人々の安心感は高まる。しかし、地域包括ケアシステムは、たとえ医療が必要になったとしても、最期まで住み慣れた地域で暮らすことを可能とするものであるから、「専門的なケアの部分」である在宅医療の体制などが整わない中では「地域包括ケアシステムを実現している」と言うことはできない。

地域の有志やスーパースターに頼っている実情

それでは、どれぐらいの市町村が「専門的なケア」の部分に取り組み、「地域包括ケアシステムが実現している」と言える状況にあるのだろうか。

感覚論として、厚生労働省の職員でも、在宅医療の切り口から地域包括ケアシステムの好事例をと聞かれると、なかなか思いつくものではないということもあるが、実際、厚生労働省のホームページでは、モデル例として10の地域を掲げているものの、そのうち、在宅医療の体制に取り組んでいるのは、２地域（千葉県柏市と東京都世田谷区）のみである。

また、厚生労働省は、在宅医療の取り組みについて、調査事業を実施している。厚生労働省が委託した平成29年度の調査事業であるが、ここでは14の取り組みが在宅医療の仕組みの分析のための好事例として紹介されている。このうち、医師会や地域の診療所グループによる取り組みが13あり、行政が医師会とともにシステム構築をしているとされているのは１つだけ（柏市だけ）である。

つまり、

・在宅医療という「専門的なケア」に取り組んでいるところはとても限られている。

・さらに、地域包括ケアシステムの実現に必要な在宅医療の体制づくりに取り組むことができているところであっても、その大半は、現場である医師会や地域の医師・診療所が地域課題を受け止めて一念発起して始めたものである。

という状況にあるということである。

ある医師会で在宅医療の意義を感じて、会の中で議論を進め、在宅医療に取り組むことにしたり、ある診療所の医師が多くの有志を募《つの》りつつ、自らの出身大学の流れを活用して在宅医療の体制整備に取り組んだり、というように、現場の人々が多くのパワーを使って立ち上がり、関係者と議論し、ある一定規模の「うねり」を作り上げたものが大半であって、行政の動きというよりも、地域のスーパースターたちの出現とその奮闘《ふんとう》に依《よ》っているところが大きい。

　こうしたスーパースターの出現を全地域で待って、社会システムを作ろうとしているのだとすれば、果たして、「地域包括ケアシステムが全国的にうまく実現に向かっている」と言うことはできるのであろうか。

介護サービスの充実だけでは対応できない

市町村では、地域包括ケアシステムは介護保険の担当者が担うことが多いため、その実現という目的の下では、まず介護保険サービスの充実を図っていくことになる。それは全く妥当なことである。

しかし介護サービスを充実させるだけでは、医療を必要とする時に対応できず、結局、病院に入院することとなり、地域包括ケアシステムの目指したものは吹き飛んでしまう。

つまり自治体は、介護だけでなく、地域医療についても検討を進めなければならないのである。介護の観点からのみでは、それは、地域包括ケアシステムではなく、地域包括介護である。

こういう主張をすると、「我がまちには○○先生が、在宅医療の必要性を訴えて取り組んでいるので、地域包括ケアシステムは出来上がっている」と言う方もおられるだろう。

確かに、そうした個々の先生方の取り組みは素晴らしく、その思いもとても尊いものである。しかし、だからこそ、筆者は、「我がまちには○○先生がいる」と言って、その特定の医師に感謝するだけではなく、その地域は、有志の先生の意思を最大化して地域に還元すべく、（その先生を核とした）地域で在宅医療を提供可能にする仕組みについて議論をしなければならないと強く主張したいのである。

社会システムとしての地域包括ケアシステムが必要と言われた背景には、超高齢化による在宅医療ニーズの驚異的な増加がある。

たとえば、これからの医療ニーズに、今までと同じように、今の医療提供体制で対応すると、筆者が出向した柏市（いわゆる都市部）では、病院の稼働率は100パーセントを超えるとも考えられた。そうなった時、在宅医療の体制が整っていない場合、医療を必要とする人々は行き先がなくなるだけでなく、最期において、家だけでなく、住み慣れた地域ですら暮らすことが困難な事態となるだろう。

こうした事態に立ち向かうためには、組織的な動きがない中では、一部の有志の医師が在宅医療を行うだけでは本当に厳しいことは自明であろう（また、超高齢化による在宅医療ニーズの増加という点だけではなく、医療を必要とする人々への社会システムの構築についても考えた時、個々の医師の取り組みに終始するのではなく、**地域の医療を守る医師会と行政とが、二人三脚で議論すべき課題**と考えるのが自然である）。

在宅医療の持続可能性――経営・物理的な負担

筆者は有志の医師による取り組みを否定しているわけでは決してない。しかし、個々の医師の取り組みであるがゆえに、他の医師や病院、他職種といったプレイヤーの巻き込みが限定的になる。それゆえ、持続可能性、そして、在宅医療の圏域の広さを見出すことが、どうしても困難になるのである。

持続可能性は、具体的に言うと、１つは経営面での持続可能性であり、もう１つは医師の物理的な負担への対応の持続可能性である。

経営面では、医師が１人で外来をしながら在宅にも対応する場合は、どうしても外来の時間を削ることになるし、そうでない場合には、新たにスタッフを雇用しての対応になる。こうした負担増（売上減または支出増）を抱えながら、どこまで在宅医療を行うのかという議論である。

物理的な負担という意味では、一部の医師に負荷が集中することで、志《こころざし》のある医師であっても疲《ひ》弊《へい》してしまい、取り組みが継続しないということである。現にこれは起きていて、たとえば、年齢を理由として医師が在宅医療の継続を断念し、その地域で（診療所はあるものの）在宅医療を提供できる診療所がなくなった、というケースが存在している。

また、筆者が出向していた岡山市では、市内のどの病院でも同じ在宅の医師が紹介され、特定の医師に負担が集中してしまっており、もう在宅の患者を受けることができないという診療所が出る一方で、新たに在宅医療に参入しようとする医師の増加も限定的であった。

こうした中で、チームや組織を挙げて在宅医療について議論を進めることができれば、この両方の負担軽減を実現できる。経営という点についても（一義的には診療報酬の議論であろうが）組織として動いている場合は行政として支援がしやすく、物理的な負担についても、相互に負担軽減を果たすという仕組みづくりが可能になる。

こうしたことから、理想となる具体的な動きは、その地区の医師会を挙げてのものであるし、一足飛びにそこにはたどり着かなくとも、幾人かの関心を持つ医師によって複数のチームが構成されているなどの、ある程度「分厚い」動きのものと考えられる。

個別の医師から、チーム、そして医師会へ――行政との協働

要は、個別の医師の取り組みで終結するのではなく、そこから地域の医師によるチームでの取り組みになり、さらには、可能な限り、医師会という組織としての取り組みにし、より持続可能性を高め、在宅医療のカバー圏域も広くすることにチャレンジできるものを作り出

していくことが必要なのである。

現場の「スーパースターの誕生」を待っているだけ、というのはもちろん、誕生したそのスーパースターに任せておくだけ、というのでは限界があろう。やはり、地域の社会システムを作るという役割を担う行政が、チャレンジを試みていく必要があるのである。

地域包括ケアシステムは、社会システムである。つまり、いつでも、いつまでも（持続可能性という意味で）、誰でも、どこででも、「住み慣れた地域で暮らすこと」を可能にする必要がある。

社会システムが整っていると言いながら、歳《とし》を取って弱り、できれば家にいたいと思っても、入院した病院によっては在宅を選択できない、もしくは住んでいる地域によっては在宅医療に来てもらうことができない、というような状況が存在するのであれば、社会システムとしては十分ではない（欠陥がある）と筆者は考える。

こうしたことを踏まえて、この本では、行政と現場とが一体となった地域包括ケアシステムの構築を目指し、在宅医療の体制整備と医療と介護の協働という「専門的なケア」の部分にスポットを当てて書いていきたいと思う。

それでは、まず、国が行ってきた取り組み（施策）について紹介する。

1．国の取り組みについて

市町村が議論をリードする方向へ

国は、在宅医療先進市の取り組みを検証する中で、医療計画の見直しを行っている。従前は、都道府県が医療行政を管轄するとして、都道府県のみで計画策定を行うものとしていたが、介護との親和性が強い在宅医療の提供体制については、市町村で整備方針を考え、都道府県と調整することを可能にした。そして介護保険事業計画策定年次と重複する年には、市町村と都道府県とで協議の場を設けるなど、医療と介護の計画的提供体制の構築に向けた政策を打ち出している。

これは、都道府県レベルでは、日常生活圏域（具体的には中学校の校区程度）ごとの診療所の状況をつぶさに確認し、また、診療所間のルール決めをリードし、在宅を可能にする介護サービスとの連動を促《うなが》すことまでは、なかなか行き届くものではないからである。在宅医療については、介護との親和性を優先し、基礎自治体（市町村）で議論をリードしていくことがスムーズになると判断したのである。

また、在宅医療の提供体制を構築するための財源の裏付けとして、介護保険制度における地域支援事業で、医療と介護の協働について支援する事業を整備可能としている。この点も、医療行政の切り口というより、介護からの切り口で体制整備を考えた、ということの証左と言えるであろう（この他に地域医療介護総合確保基金を活用できる）。

これまで医療行政に関わってこなかった市町村

こうした計画策定の工程における協議と、具体的に事業構築を支援する財源確保の動きを受けて、どの自治体も在宅医療の体制整備や医療と介護の協働に着手しようとしているのであるが、なかなかその目指すべき道は険しい。

これは至極当然の話である。国は（多少の好事例の横展開などをしているが）権限と財源を渡しているだけである。実際の在宅医療の安定的な提供に向けて議論を始めるとなると、現場の医療提供のあり方に直接影響を与えるものであるため、各関係者との調整に「医療政策・医療行政」の知識の裏付けが必要となる。今まで医療行政に携わってこなかった市町村においては、そうそう容易に進められることではない。国の支援策もこの部分のフォローにまでは至っていない（実際にフォローの手段も非常に難しい。具体的なチャレンジに移行するためには、筆者は、たとえば、在宅医療の体制整備を地域で真に進めようとしているところを重点地域などとし、そこに実際に国の職員が、共に考え進める要員として積極的な関わりを図るなどまでするような、踏み込んだ支援が必要だろうと考える)。

以下、具体的に、自治体の中で行われている議論について紹介したい。

ここで、自治体が、在宅医療の体制整備や医療と介護との協働に手こずっている状況を説明できればと思う。

2．自治体の中で行われている議論

キーマンは「診療所の医師」「医師会」

まず、自治体において、在宅医療の体制整備とそれを踏まえた医療と介護の協働を実現するためには、在宅での暮らしを理解することから始めなければならない。

在宅での暮らしは、市町村では介護の観点から分析を始めることになる。訪問介護はどうか、通所介護をどう使うのが良いのか、そして、訪問看護という医療系サービスはどれほど必要かをケアマネジャーと議論する。

そうして議論を進めると、薬剤師やリハビリテーション関係職種なども関わってくることがわかり、それら医療系職種のコントロールタワーである診療所の医師とのコミュニケーションが必要となることが明らかになる。

つまり、行政機関から見ると、在宅という地域の暮らしを実現するキーマンは、「診療所の医師」であることが認識されるようになる。

しかし、この「診療所の医師」の登場は、自治体にとっては非常に難易度を上げる要素になる。というのも、自治体は今まで、休日診療や学校の保健医、健診の協力機関としての関わりでしか、診療所の医師の団体である医師会と関係を構築してこなかった。

それが突如、進めるべき施策のキーマンとして現れるのである。政策に前向きに取り組みたい、しかし、医師会に（何をどうお願いしないといけないかの具体的なイメージはなくとも）諸々お願いをしなければならない、そうなると、今までの休日診療などについて更なる条件付けがされるかもしれない。……なんとなくではあるが、相当面倒なことが起きそうな予感がする、という思考になることも無理はない。

そして、これが、各自治体の圏域と医師会の圏域とが合致していればまだ良いが、圏域が異なる場合、ハードルはさらに高いものになる。

たとえば、私が2回目に出向した岡山市では、市内に複数の医師会が存在した（相談窓口としては2つであった）。このため、市全体で医師と協働しようとすると、2回、同じ話をしなければならなかった。さらに、話をしてもどちらかの理解をいただくことができなければ、またあらためて、どちらにも話をし直さなければならなかった。このようにして、政策の実現コストは、ますます高いものになっていくのである。

「医師の動き方」を議論する必要——生易しいものではない

さて、こうした診療所の医師との調整の必要性を、行政機関の中でなんとか受け止めて（市の部長など幹部職員に理解してもらい、行政として動こうという意思決定をして）、医師会との調整を試みようという一大決心をしたとする。

そうして行われる「在宅医療を提供しやすい環境の整備」の議論では、この後ご紹介する柏市の事例でも記載するとおり、診療所のサービス提供の方針を変えたり、勤務の仕方を変えたり、はたまた、実際の診療行為を医師同士で協力してもらうことをお願いしなくてはならないなど、「医師のそもそもの動き方に関する議論」を促さねばならないのである。

つまりは、お願いごとなどという生易しいものではない。

今まで休日診療などで医師会にお願いをし続けていたりすると、こんな議論を投げかけることなど、夢にも思わないことかもしれない。

こういうこともあって、こうした在宅医療の提供体制が構築されている市町村では、先にも書いたとおり、医師会や医師の有志が動いたことがきっかけとなって出来上がったものが大半であり、行政と医師会が共に動いたものはほとんどないのである。

今までの医師会との関係から、行政はどうしても様子見にならざるを得ない。精一杯動くことができたとする場合でも、（受け身で）医師会から提案された支援を、地域支援事業や地域医療介護総合確保基金から財源確保することになるぐらいであろう。

さらにハードルが高い「病院」との議論――経営に直結するセンシティブな話題

そして、在宅医療の提供体制の検討は、実は、この医師会との議論の困難さだけでなく、さらにハードルが高いものである。

在宅医療の提供体制の構築に必要なことを考えていくと、診療所だけを対象と見ていては完成しないことに気づく。そもそも、診療所間の提供体制を構築しようとしたはいいが、実際のケースをシミュレーションしようとすると、いったい在宅医療はどういった流れで必要になり提供されていくのだろうか、という疑問にぶつかる。

これが何を意味するかと言うと、在宅医療が必要とされるのは、どうしても急性期や回復期などの病院から退院するタイミングが多くなることから、市町村にとっては、今まで都道府県単位でしか関わることのなかった「病院」と議論が必要になるということである。

しかも、その議論の中心は、病院経営に関係する「退院調整をどうするのか」という難題である。

退院調整は、病院の地域連携室や退院調整看護師の専門業務であり、市町村の行政は従前ほとんど関与していない。また、この退院調整は、診療報酬で様々な加算が付いていることに加え、この退院調整がスムーズにできるか否かが病床稼働率にも影響するため、議論するとなると、病院経営の非常にセンシティブな話をせざるを得ない。

また、在宅で何がしか問題が起きた時に、スムーズに入院できるための病床確保が必要ではないのか、という課題も、在宅医療の提供体制の議論の中で必ず出てくるのであるが、これはベッドコントロールの話であるから、究極は院長の判断に依るものである。

病院側も、そして議論を促す自治体側も、「そんな話、市町村がどうこうできる話ではない」という思いに陥りやすい。特に病床の数が足りない東日本では、どこでそんなベッドを確保するのかという話にもなり、どことどう相談すれば良いのか、途方に暮れることになる。

昨今、地域包括ケアシステムという言葉が日本全国で言われ、医療と介護の「連携」や診療所間、病院・診療所間の「連携」など、誰もが「連携」という単語を叫ぶようになってきた。しかし、この「連携」を実現するための裏の「舞台仕掛け」は、多くの関係者の業務見直しにつながり、実際に「連携」して動いて効果を生み出す仕組みを作ることは、非常に多くの苦労を要することが出てくるのである。

「連携」のための会議に終始する現状

こうした中で、国も、都道府県も、医療関係者も、介護関係者も、市民も、皆が一様に地域包括ケアシステムが必要と言い、最期を迎える場所への市民ニーズと現状との乖離からも必要性を感じ、少しでも動き出そうとする市町村が出始めている。

こうした市町村は、「とにかくできることからやってみよう」ということで、まず、多職種の「連携」を推進することから取り組んでいる。

こうした取り組みは確かに、現場の熱量を引き上げることができるため、ここでの熱量を使って、医師会や病院との協議につながることを期待するのである。しかし、なかなかその期待は結果に結びつくことが難しく、世の中を変える仕組みの構築までには至っていない。現時点では、多くの自治体で、この「連携」するための会議を回すことに終始していることが多い。

以上が、筆者が見てきた地域包括ケアシステム実現における自治体の実情と抱える課題、つまり、いつまでも出来上がらない、行き詰まっている状況である。

（4）地域包括ケアシステムの実現のための考え方

まず自治体は何をすべきか

地域包括ケアシステムの実現に対して、自治体が抱える課題は、先述のとおりである。

この課題を解決するためには、

（ア）まず、医師会とよく相談できる環境を整えるために、チャレンジすること（お願いごとをする、されるの関係以上のコミュニケーションを取れるよう、努力することが重要である）。
（イ）次に、ただ「連携」の重要性を共有するだけではなく、在宅医療を進めるための仕組みを行政案として用意した上で、議論・精査する会議を設け、仕組みを構築すること。

の２つのステップが必要となる。

つまり、地域包括ケアシステムは、あくまで社会システムであるため、自治体（行政機関）が構築する必要（自治体内のどこに暮らしていてもそのシステムの効果を得ることができるようになっているという点からも、行政機関が構築している必要）がある。そしてそのためには、自治体において施策遂行ステップを、１つずつクリアしていくことが必要になる。

こうした中で、（ア）の医師会との関係は、一朝一夕に出来上がるものではない上に、医師会の側の体制（医師会の体制としてチャレンジングなことに挑戦する状況にあるかないか）というところも影響するため、自治体だけの努力で解決が図られるものではない。

このため、行政が政策として在宅医療を推進するためには、①医師会との関係がうまくいく場合、②うまくいっても限定的なメンバーになってしまう場合、そして、③医師会との関係が芳しい状況にならない場合の３つのパターンのそれぞれで、どうあれば、地域包括ケアシステムの実現ができるのかを考える必要が出てくる。

つまり、地域包括ケアシステムを実現するためには、とにかく、医師との協力が大切ではあるが、医師会との調整や病院との相談がうまくいくとは限らないため、それを織り込み済みで、いくつかの政策遂行パターンを考えておく、ということである。

ゴールは「市民に自分らしく最期まで生活者として暮らすことを選択可能にするために在宅医療が安定的に提供される体制を作る」ことである。これを目標にし、どうすれば実現できるかを、様々な要素を考慮して、何パターンかの取り組みを考えれば良いのである。「登る山頂を決めて、登り方は人それぞれで選択する」ということである。

第一歩目の、医師会との関係はさまざまで良い

先にも少し述べたが、筆者の経験に則ると、医師会との関係において、具体的に考えられ

るパターンとしては、

①医師会との協力関係の下で議論できる。

②医師会が否定はしないものの、積極的ではないため、有志による実現を模索する。

③医師会との協力関係の構築が芳しくなく、地域の有志や24時間訪問診療専門の診療所と進める。

の3つのパターンがある。

在宅医療が推進されている好事例としてよく示される柏市の事例を見ると、医師会との協力関係が最良の中で構築されたため、自分の自治体でも最良の関係性の中で実現しなければならないのではという認識に陥《おちい》りがちではある。

しかし実のところ、この3つのいずれのパターンであっても、在宅医療の提供体制は、100点ではなくとも構築を開始することができる（当然、その後の事業推進、先に書いた持続可能性などの点を考えれば、医師会との協力関係が良い状態の中で進めることが最も望ましいというのは大前提ではあるが）。

つまり、今後の高齢者の増加や地域の在宅医療の体制整備の緊急度を地域の実情と照らして精査しつつ、これらのどのパターンならば、担当する地域が第一歩を踏み出せるのかを考える必要がある。そして開始後も医師会と議論を進め、将来的には医師会が中心となった社会システムづくりを行っていく、ということである。

在宅医療の提供体制の構築を実現している柏市では、地域包括ケアシステムの最もシンボリックな部分である「在宅での暮らしを可能にするという観点からの医療と介護の協働」について、主治医・副主治医システムという目に見える形で示すことに成功している。

筆者は、国レベルで「地域包括ケアシステムとは何か」が議論される中で、平成22年度と23年度に千葉県柏市に出向し、東京大学高齢社会総合研究機構とともに、地域包括ケアシステムの具体化を図る仕事に従事することとなった。

次に、その柏市での事例を基に、地域包括ケアシステムの具現化への、1つの具体的アプローチをご紹介したい。

（5）こうして出来上がる地域包括ケアシステム【柏市編】

1．柏市の取り組みの背景

柏市への出向

筆者が柏市に赴任をしたのは、平成22年4月である。

当時は、「地域包括ケアシステム」という言葉を、これからの高齢化社会に向けて目指すべき姿の合言葉として、厚生労働省が対外的に示し始めて2年が経過した頃であった。

しかし、実のところ、厚生労働省の職員の中にも、「地域包括ケアシステムってなんだ？」とか「地域で、包括的に、サービスを提供するためには、具体的に何をどうしないといけないのか？」と言っている職員が数多くいて、国会答弁の調整でも説明を一からしないといけないという時代であった。

こうした中で、とにかく、地域包括ケアシステムの具体的な実現を果たし、誰もがそれをイメージできるようにする必要があった。また、各自治体に横展開を進め、その際に必要な制度的要素を厚生労働省に示す必要もあった。これらを目的として（真相はわからないが、筆者はそう受け止めている）、筆者は柏市に出向となり、仕事を開始した。

団地の再開発の一環としての「在宅医療の推進」

柏市は、当時、東京大学高齢社会総合研究機構やUR都市機構とともに、豊《とよ》四《し》季《き》台《だい》団地の再開発事業の方向性について検討を進めていた。

その中身は、ハード部分では、特別養護老人ホームと高齢者向け専用賃貸住宅の整備、そして、介護のサービス事業所をいくつか、という程度であり、そこに新しさはほとんどない。この再開発事業の新規性は、そうしたハード部分ではなく、①在宅で暮らすことができるシステムと、②生きがい就労ができるようになるシステムという、２つのソフト面の機能整備で再開発事業を語るというところにある。

それまで、団地の再開発事業は、いわゆるハコモノの整備のみを考えるものが多く、そこに暮らす人の状況や暮らしの変化を捉えて、ソフト機能の充実をストーリーの中心に据《す》えた再開発事業は、ほとんどなかったと言える。

この豊四季台団地の再開発は、そうしたハコモノ中心のディベロッパーの再開発のあり方にもの申したという点でも面白い。

平成23年に、豊四季台団地の再開発事業のストーリーをマスコミに発表した時、ハコモノの新規性が薄く、特徴のイメージが湧きにくかったからか、「在宅医療の推進」と説明しても、「建物は何が建つのか」などのハード面の質問や事業規模の質問が多かった。

こうした事実は、逆に、豊四季台団地の再開発事業というものの持つイメージが新しく、ソフト部分が中心の再開発事業に当時の人間は馴染《なじ》みがなかったことを示している。

市として「医療」に介入することを決断

この再開発事業を通して実現するまちの姿は、

①いつまでも在宅で安心した生活が送れるまち。

②いつまでも元気で活躍できるまち。

の２つを目指していた。

このうちの「いつまでも在宅で安心した生活」を実現する取り組みとして、のちに地域包括ケアシステムの具現化において厚生労働省が必須と言う「在宅医療の推進を可能にするシステム」の構築を掲げた。

当時は、市町村単位で「医療」に介入することを決断したところは、皆無《かいむ》であった。市として「在宅医療の推進」を実現させるという決断は画期的であり、その後に医療政策に市町村が具体的に関与するきっかけとなる決断だったと言える（この柏市の再開発事業が進んだ後に、先に触れた、医療計画の策定において市町村が在宅医療の推進を都道府県との協議という形で関与できる制度見直しがされている）。

ただし、この画期的な決断は、精緻《せいち》なデータによる必要性の議論が市役所内でなされた結果、下されたものでは決してない（そうした精緻な議論がされていれば、在宅医療の議論の先に病院医療の話も出てくるため、多分に都道府県の権限に介入する恐怖を感じて、決断はできなかったであろう。介護現場の声や今後の展望を憂《うれ》えるという現場らしい危機意識からなされた勢いのある決断が、世の中を変えたということは、頭の片隅にとどめておく必要がある）。

今や在宅医療先進地域と言われる柏市でも、今から約10年前は、他の市町村と同様に、現場の医療の状況については全く把握ができていなかった。そこでまずは、「在宅医療を推進する意義について、診療所の医師や病院の医師にどのように説明をしていくことができるのか」を考えることから始めることとなった。具体的には、データの確認と、現場の医療の状況を理解するための診療所や病院との意見交換から開始した。

2．柏市の医療が置かれていた状況

病院は都内、在宅医療は隣の市を利用していた柏市民

まず、当時の柏市の具体的な状況を説明しよう。

柏市は東京からＪＲ常磐線１本で行くことができるほどに利便性が高く、「柏都民」と言われるほどに、暮らしにおいて東京都との親和性が高いまちであり、市民が利用する医療機関は、都内の大病院が大半であった。

このため、柏市は人口約40万人の中核市であるのだが、病院は10程度しかなく、この10の病院の病床稼働率は85％程度という水準を維持していた。

さらに、柏市は診療所が少ないため、１つの診療所当たりの外来患者は非常に多い。診療所の医師は、外来患者の対応に四苦八苦しており、在宅医療に割《さ》く時間など、ほとんどなか

った。

つまり、診療所の医師には、在宅医療をやる余裕も、必要性（在宅をやらないと収益が厳しいなど）もなかったのである。

柏市の住民で在宅医療を利用したいと考える人は、隣の千葉県松戸市の診療所（松戸市には、在宅医療に重点を置いて、非常に高いレベルのサービスを提供している診療所があり、そこが様々な在宅医療を推進する取り組みを展開していた）を利用するという状況であった。

しかし、この状況は、ただ単に隣まちの診療所が柏市の在宅医療をやっているという以上の意味を持つ。このことは、以下のことを示している。

・東京都内の病院に入院していた人が在宅で暮らしたいと希望した場合、柏市の医療提供体制に戻るのではなく、松戸市の医療提供体制に入るということ。

・さらには、市内の病院に入院（東京都内の病院から市内の病院に転院した場合を含む）していた人でさえ、退院後に在宅での生活を試みる場合は、松戸市の医療提供体制に入るということ。

しかし、この時点では、在宅医療を希望する人もそこまで多くなく、また、診療所も外来患者で手一杯の状況でもあり、この状況が指し示している「病院や診療所の将来を揺《ゆ》るがす重大な事柄」を現場で掴《つか》み取ることは難しかったのである。

この点をもう少し詳しく解説する。

柏市の医療を揺るがす重大問題

当時の柏市の状況は、今後も東京の大病院において、柏市の医療を支えてもらう医療提供体制が維持されるという仮説や、在宅のニーズには市域を越えても可能な診療所に支えてもらうという仮説が成り立つのであれば、未来はある。

しかし現実には、今後は、

・東京の大病院は、東京都内の高齢化に対応するとともに、経営効率の追求に四苦八苦すること。

・各地域（特に病院の数の少ない東日本）の診療所は、在宅ニーズが増えて、それへの対応に四苦八苦すること。

が予想される中で、他県・他市の医療ニーズに応えることなどできなくなる。

つまり、柏市の未来がかかっている仮説の２つともが破綻《はたん》する。

柏市では、市内の医療資源として、すでに病院は稼働率が高止まりしていた。今後なかなか病床の増加が難しい中では、病院としては、いかに多くの患者に医療を提供して稼働率を高くしていくか、いかに患者1人当たりや医師1人当たりの単価を上げるかが、生き残りをかける上で重要になる。このためには、「退院先」を確保していくことは大変重要になってくるのである。

しかし、そもそも医療・介護資源が潤沢《じゅんたく》にあるとは言えない柏市では、そうした受け皿も容易には存在せず、在宅医療の体制も近隣市にしかなかった。

病院としては、どうしても退院させたい、しかし、退院させた後は、柏市の医療提供体制ではなく、近隣市の医療提供体制の中に入ってしまう（その後その患者が柏市の医療提供体制に戻ってくるかは不透明になる）、という苦渋の決断をすることになるのである。

今後の高齢化社会において、市民に適切な医療を提供すること、そして、その中で、病院や診療所が生き残ること、その2つを考えた時、柏市の当時の医療提供体制は早急に見つめ直す必要があったのである。

柏市医師会との共有、議論の開始

このような「医療が置かれている状況」について、柏市医師会と何度も議論を重ねて、共

有を図った。そして、これからの高齢化社会を見据え、容易には病床の増加が見込まれない中にあっては、

・退院先の選択肢に「在宅」を明確に位置付け、それを可能にする環境を整備することで、10ある病院の病床稼働能力を最大限に利用することが可能になること。

・在宅の提供体制が整うことで、柏市の診療所や病院が診ていた患者を、柏市の医療提供体制によって最期まで診ることが可能になること。

を意義として、在宅医療の必要性を理解し、在宅医療の推進に柏市医師会全体として取り組んでいくことを決定いただいた（当時の柏市医師会は、医師として市民に何ができるかを考えて実行できるよう、組織として変革が必要と考えていたことも、行政として大きな一歩を踏み出すことを可能にした大きな要因であった）。

こうして、柏市医師会と東京大学高齢社会総合研究機構、UR都市機構、そして柏市との4者で、在宅医療を推進する仕組みについて考えることが開始され、早速、医師会の中で問題意識を共有していただいた先生方（柏市医師会の幹部）との具体的な検討が始まった。

オーバータイム（居酒屋）の議論で関係を築く

この検討は、診療所の先生方の診療が終わった後に、オフィシャルの会議を開催して進められた。月に1回、多い時は月に2回開催し、何度も議論を重ねている。

要は、医師会の幹部の先生が1人だけ出席して、行政からの報告を受ける会議ではなく、具体的なシステムについて、どういう形が適当なのかをお互いに議論をぶつけ合うような会議が必要となるのである。

そしてまた、そうしたオフィシャルの場だけでなく、オーバータイムの議論として、本音をぶつけ合う議論を居酒屋で行うこともしばしばであった。医師会の先生方と、本音の議論というのは、なかなか難しく感じるかもしれないが、医師会と行政とが車の両輪となって社会システムである地域包括ケアシステムの議論を進める時、酒を酌《く》み交わすぐらいの関係（文字どおり酌み交わさずとも、本音を言い合うことができる関係）を築くことができないようでは、困難であろう。ちなみに、筆者は、こうした本音の議論が必要だと思い、当時の住まいを柏市に移したりもしていた。

3．在宅医療の推進のための具体的な検討

具体的に柏市医師会と検討したことは、先述した意義の再確認や柏市の医療の状況をデータで示しながら、

・在宅医療をやる中で、どんな医療技術が必要になるか。
・在宅医療をやることによる経営面の話。

そして、

・先進地域の診療所の医師の負担軽減システム。

など、多岐にわたる。

また、これらの検討を進める中で、

・必要となる、病院からの退院と在宅医療への調整内容。
・多職種との役割分担。

なども議論した。

以下、この5点について、柏市で実際に議論・検討して、取り組むこととした内容につい

て、紹介する。

なお、本書は、社会システムの構築の主たる役割を果たす自治体のアクションに問題意識を置いているため、ここからしばらくは、かなり踏み込んだ具体的な話になることを、ご理解いただきたい。

①在宅医療の内容についての議論

在宅特有の医療技術の必要性

まず、在宅医療の内容についてである。

在宅医療については、ステレオタイプのイメージが先行している。ひと昔前に流行《はや》ったドラマ『Ｄｒ．コトー診療所』のコトー先生のように、外来の合間に自転車か何かで家を訪ねて診察を行い、何から何まで１人で判断を下し、地域の患者の全てのオーダーに四六時中対応する大変なものだと思ってしまうものである。

しかし、いざ在宅医療をやってみた医師は、状況は想像と全く異なっていたと言う。

具体的には、在宅医療では、

・がん患者への医療は疼痛《とうつう》管理、認知症患者への医療は症状の理解と服薬、合併症の管理など、新たな事項を学ばなければならない。

・看取りの対応は、多職種間の連携、特に訪問看護ステーションとの連携を強固にして、腰を据えて対応しないといけない。

という2つの課題がある。

しかし、この2つは通常の外来診療での技術にプラスされるものであるが、それ以外は、日頃培われている医療技術で充分に対応できると言う。そして、この2つの内容も、経験のある在宅医療の医師に帯同して見てしまえば、習得可能なものであるとのことである。

そこで、柏市では、これに対応するため、東京大学高齢社会総合研究機構が開発した在宅医療の研修を導入して、在宅医療の内容を実体験しながら学ぶことができる環境を整備することとした。

この環境の整備は、医療との親和性がそれほどなかった市町村でゼロから考えることは難しく、柏市がこれにスムーズに着手できたことは、やはり、プロジェクトとして東京大学高齢社会総合研究機構と共に取り組んでいたということが非常に大きな要因である。

この研修プログラムは、柏市はほとんど関与せず、東京大学高齢社会総合研究機構で研究・開発されたものであり、その成果を惜しみなく柏市に提供していただいた。また、この研修の第1回に、柏市医師会は非常に積極的に参加しており、このことは、柏市医師会の中で在宅医療への熱量が高まっていたことを示唆《しさ》している。

この研修プログラムが開始され、それが相当の熱量での一定数の医師の参加に結びついたことを皮切りに、柏市における在宅医療の推進がまさに現実のものになり始めたと言うことができる。

この時の勢いを借りて、この研修の実施にとどまらずに、後に述べる負担軽減システムの試行まで走りきることができたことが、柏市の地域包括ケアシステムが成功事例として言われるようになった要因であると思料《しりょう》する。

②在宅医療の経営面

在宅をやることが経営の健全化につながる時代

次に、病院や診療所の経営面についてである。

経営面は、どうしても行政から話をすることは難しく、避けて通りたくなるものであるが、継続して在宅医療を実行していくという点で、非常に重要な要素である。

在宅医療であろうと外来診療であろうと、診療所の提供する医療は、昔の赤ひげ先生の医療ではなく、医療を提供する専門家によるサービスである。

つまり、継続して在宅医療を提供可能とするためには、それを支える職員の人件費や医療器具も必要となるから、経営面で成り立つ（あわよくば、メリットがある）ことが必要になる。「医は仁術《じんじゅつ》」という部分はあるにせよ、政策として進める以上は、しっかりと考えて経営上の可能性を示していかねばならない。

その経営という点では、医療提供にあっては「診療報酬」がほぼほぼ全てである。筆者が柏市で取り組んでいた平成22年度、23年度でも、新規に診療所を開設する際には、外来だけではなく在宅をやることを医療コンサルも提案してくる時代となっていた。そして、昨今は、在宅医療の推進が診療報酬上にしっかりと評価されるようになっている。つまり、診療報酬上、経営を考えた場合、在宅医療をやらないという選択は取り得なくなっている。

また、実際の診療報酬の点数ということ以外にも、外来で来られる患者に対してしっかり最期まで寄り添えることは、地域での診療所の評価を強固なものにもするし、先にも記したとおり、今まで地域の医療提供体制で対応していた患者を、在宅移行をきっかけに他の地域の医療提供体制に移動されてしまうということがなくなる、ということも、経営的観点では重要なものであろう。

こうしたことを、医師会や病院の先生方と、会議の場はもちろん、個別に訪問するなどして、数字も示しつつ、意見交換をして問題意識の共有を図っていった。

つまり、柏市の取り組みにおいては、在宅医療の提供にあたって、補助金などの新設といった議論をするのではなく、経営という面から診療報酬について皆で勉強する機会を設けるなどして、その中でどうメリットや意義を感じつつ、実現可能とするのかを考える、という方針で進めたのである。

③在宅医療の負担軽減システム

そして、在宅医療の提供体制を構築する上で、最も重要となるのが、在宅医療の提供時の負担を軽減するシステムの検討である。

ちなみに、一言で在宅医療の負担を軽減するシステムと言っても、実は、大きく2つのシステムを考える必要がある。

1つは、在宅医療を担《にな》う医師が休むことができる体制を構築するというシステムであり、そして、もう1つは、在宅医療提供時に急性増悪《ぞうあく》の状態になった場合で、どうしても在宅医療での対応が困難な場合に、病院で直《ただ》ちに対応できるシステム（なんでもかんでも救急車を呼ぶという対応ではないことに留意が必要である）、の2つである。

その1——医師が休めるシステム

まず、1つ目のシステムについてである。在宅医療は、看取りの対応があるがゆえに、どうしても携帯電話を手放すことができないという印象がある。まるで勤務医のように、携帯電話に拘束されて何度も呼び出され、すぐに戻ることが求められるという印象が付きまとう。しかしながら、これも、在宅医療で必要とされる医療技術と同様、イメージ先行の話であり、実際に在宅医療を担っている先生方がそこまで拘束を受けているということはないのである。

在宅医療は、医師だけではなく、看護師、薬剤師、リハビリ関係職種、介護職員といった多くの専門職とのチーム医療で成り立たせるものであり、一定の経験のある医師は、これらの多くの専門職と情報交換を密にし、患者の状態が手に取るようにわかっていることが多い。

その上で、日頃から、訪問看護ステーションの看護師や薬局の薬剤師などに指示をして状態管理・把握をしている。

このため、不測の事態ということは余程の事案以外はなく、突如電話で呼び出されて対応しないといけなくなるようなことはほとんど起こり得ないと言われている。

また、このように状態管理が適切になされていれば、いつ頃から状態が悪化して看取りのステージに移行するかといった予測すらつくと言われている。

では、こうした中で、いつ、電話に拘束されることが起こり得るのか。

それは、看取りの具体的な対応が必要になるタイミング、と言われている。つまり、日頃の在宅医療では、そこまでの電話での呼び出しなどはないものの、看取りを迎えるタイミングにある患者を持つこととなれば、ある程度の拘束が求められるのである。

とはいえ、その全てに医師が尽くさなければならないのかと言えば、医師の側にも、どうしても冠婚葬祭や学会といったものへの出席が求められることもあるし、また、昨今議論されている働き方改革という点から、在宅医療を休むことができる環境というものは必要と言わねばならない（看取りは確かに患者とその家族にとって大変重要なことであるが、医師がすべからく患者とその家族のために自らの時間を使うべきである、とまで言うことは困難である）。

また（ここからは医師の個々の性格にも依るが）、たとえ呼び出されることがめったにないからと言って、自由に自らの予定を尊重していくことができるかと言えば、現実にはなかなか難しいもので、やはり、そもそもの「医は仁術」という考えをベースとして、医師として患者に何かがあった際には、すぐに動けるような準備を常にするという緊張感をずっと抱えることになりがちである。そのため、疲れ果ててしまうこともある。

よって、在宅医療を地域で持続可能なものとするためには、在宅医療を担う医師は、1人だけで対応するのではなく、地域の医師同士の連携による支援体制が必要となってくるのである。

医師1人が待機する輪番制の限界

では、具体的には、どのような支援システムになるのであろうか。

柏市の議論において、筆者は当初、休日診療の輪番のような仕組み、つまり、医師会の医師が万が一に備えて医師会館などに控えておいて対応する仕組みを考え、議論にかけてみた。

しかし、この仕組みでは、在宅でいわゆる緊急時というものがいつ起きるのかが不明な中で、医師1人を待機させることが必要となる。また、市内のあちこちの在宅医療を受けている世帯に、1人の医師が対応することを考えると、移動距離という点から緊急時対応が困難なのではないかと考えられるため、この仕組みは無理があるとされた。

さらに、この仕組みの持つ最大の課題は、患者とその家族が、いつどの先生に診てもらうことができるかが不明な中で、果たして安心することができるのか、ということであった。というわけで、別の仕組みが議論されることとなった。その際、先駆的な取り組みとして、在宅医療の負担軽減を支援するシステムを有志で作っている地域を見つけて皆で勉強し、議論を進めた。

具体的には、東京都新宿区の取り組み、京都府の取り組み、長崎在宅Dr.ネットの取り組みである。それぞれの詳細については、ここで記載することは省略するが、持続可能性の観点から、診療所や医師会への負担の軽重を慎重に判断し、長崎在宅Dr.ネットの取り組み(主治医・副主治医の仕組み)を参考にすることとした。

主治医・副主治医システムの採用

主治医・副主治医システムは、1名の在宅患者に対して、在宅医療を担う医師が2名付く仕組みである。日常的には、かかりつけ医機能を持つ主治医が在宅医療を提供するが、主治医が遠方に行く所用があるなど、在宅医療の提供が必要となったタイミングで直ちに対応することが困難な時に、代わりを担う医師を副主治医として設定するものである。

この場合、在宅医療を含めた在宅サービスの提供体制を患者やその家族に示す際（たとえば退院時など）に、主治医と副主治医から患者とその家族に「私がお家《うち》にご訪問できないような場合には、この先生が代わりにご訪問させていただきますよ」というようなことを知らせておくことが適切である。

また、主治医と副主治医は、日頃から、多職種を含めた在宅医療に関する医療情報を共有できている関係であることが望まれ、さらには、代わりに対応する必要が生じる場合に、主治医・副主治医間で具体的な取り扱いを相談できていれば、お互いの医師同士の混乱を招くことがない。このことは、ひいては、患者とその家族に、より安心できる環境を提供することにつながる。

誰を主治医とするかは、在宅医療が必要となったタイミングで、かかりつけ医が在宅医療を提供していれば、その医師が担うこととなることが大半であり、その医師が副主治医を旧知の医師などにお願いをするなどして決まっていくことが多い。

なお、柏市の場合は、かかりつけ医が在宅医療を提供していない場合などには、医師会との相談の下で、主治医と副主治医を含めた在宅医療を提供するチームをコーディネートする機能を持った機関との相談ができるようになっている。

ちなみに、主治医と副主治医の診療報酬については、このシステムを検討した際には、診療報酬上の措置はなかったため、金銭のやりとりについてルール決めが必要となっていたが、こうした柏市の取り組みなどがぽつぽつと現れてくることに伴い、診療報酬において、グループ医による診療の報酬における評価がされるようになってきている。

その2――急性増悪時の病院対応システム

次に、2つ目の負担軽減のシステム、つまり、在宅での急性増悪時における病院の病床の確保を確実なものとするシステムについてである。

在宅医療と言うと、病院とは関係が一切なくなって、全て在宅で対応する、という印象があるかもしれないが、決してそうではない。在宅医療を安定的に提供可能とするためには、必要な時に速やかに病院への搬送を可能とし、そして病院での医療の必要性がなくなれば速

資料1　柏市の「主治医・副主治医システム」の例

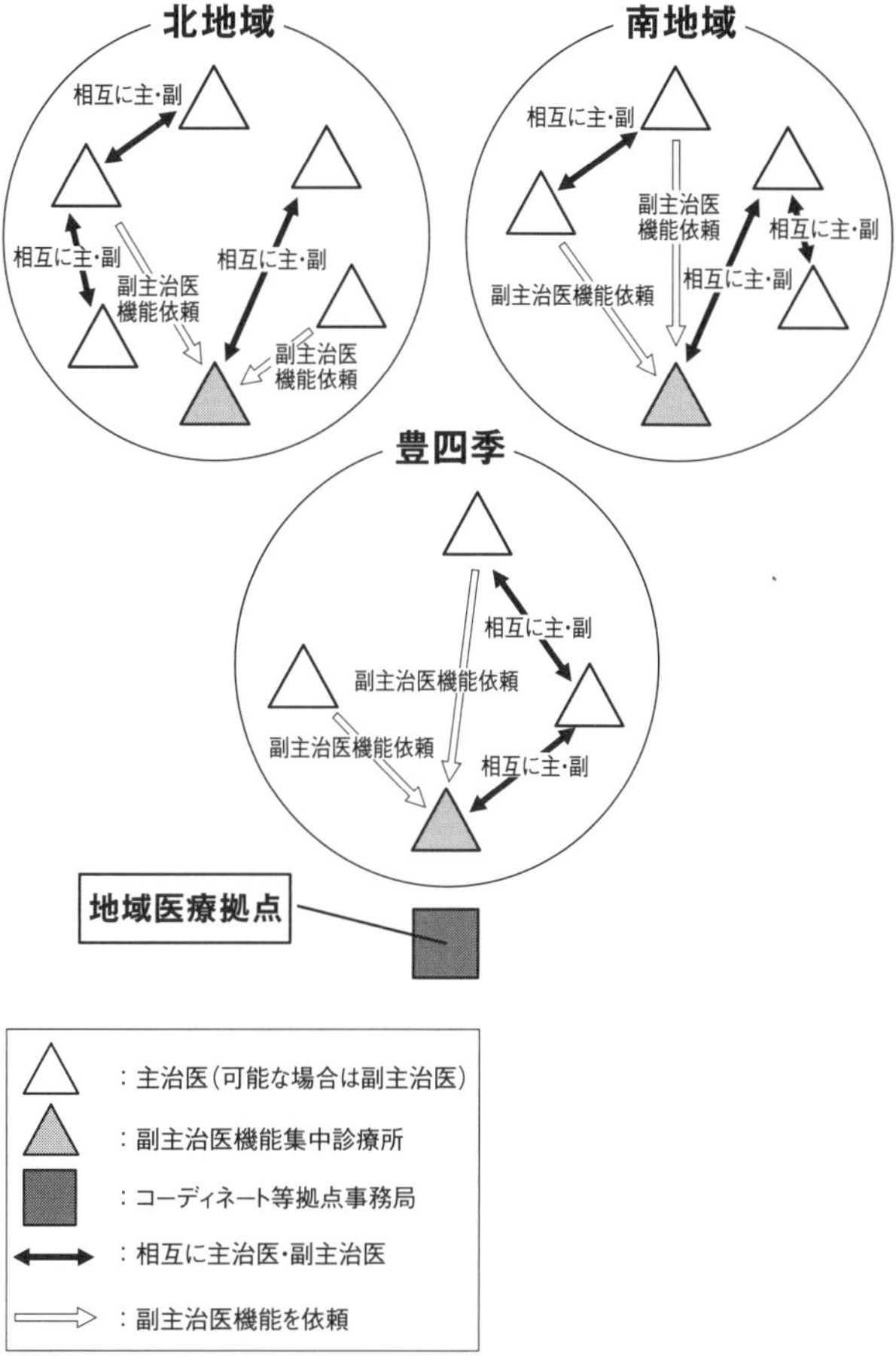

（出典）柏市作成資料から抜粋

やかに在宅に戻る、ということを可能にする環境が必要となるのである。

速やかな病院への搬送が必要となるのであれば、救急車を呼べばいいではないかという考えになるかもしれない。もちろん、1分1秒を争う場合は、当然、救急車による搬送を選択するだろう。しかし、急性増悪時だからと言って、救急車を呼んで受け入れ先を探し出そうとすると、実のところ、様々な慢性疾患に罹患している高齢者の場合は特に、なかなか受け入れ先が決定しないということが起こり得る。急性増悪を引き起こしている主の要因を究明しにくく、結果、どこの病院も受け入れに躊躇《ちゅうちょ》してしまうのである。

この「速やかな病院への搬送」ができなければ、結局、長期の入院が必要な状態となってしまい、在宅に戻ることすら不可能になってしまうし、在宅を担う医師も「いざ」という時の不安を抱えたまま在宅医療を提供するという状況になるのである。

柏市では、当初から、病院を巻き込んだ議論を展開し、一度入院した患者が退院し在宅に移行した場合には、余程の場合でない限りは、原則、入院していた病院が受け入れることをルールとして策定した。

このルールの策定においては、退院ルールやベッドコントロールに関する事項でもあるので、まず、各病院の院長に集まっていただき、このルール策定の必要性にご意見とご理解をいただく機会（検討会）を設けた。そして、具体的な事項の検討にあたっては、各病院の地域連携室のＭＳＷ（メディカル・ソーシャル・ワーカー）や看護師による検討の場で議論を重ねていただいた。

これにより、柏市では、退院して在宅が必要となる患者に在宅医療が提供される際には、急性増悪時には、入院していた病院に連絡すれば受け入れてもらえることを約束して、退院がなされることとなっている。

意見交換、勉強会、検討、にとどまらず具体化する

こうした在宅医療の負担軽減を図る２つのシステムの議論は、柏市で最も多くの時間を費やしたものである。議論の後、このシステムを、柏市医師会と行政、そして東京大学高齢社会総合研究機構が一緒になって、豊四季台団地の再開発事業という機会を捉えて、試行的に事業を開始していったのであるが、こうした議論の成果を目に見える形で「実行」というフェーズに落とし込むことができたことで、「在宅医療が進んでいるまち柏」ということを実感でき、その実感がさらに、取り組みをより推進する力になっていった。

筆者は、多職種や医師会との意見交換や勉強会にとどまらず、こうした具体的なシステム構築の検討とその実証までできたこと、それが、柏市の地域包括ケアシステムの成功の最大の要因であると言うことができると思う。

なお、詳細は後述するが、筆者は岡山市においても、多職種や医師会との意見交換会にとどまっていた在宅医療に関する議論について、具体的なシステム構築の検討に重点を移し、その検討の後に、検討で終わらせるのではなく、行政が旗を振って、実際に在宅医療を提供する医師の増加に向けた試行的なチャレンジへの展開を進めた。

各自治体で、こうした具体的な動きに移っていくことが、地域包括ケアシステムが具体化されるためには必要であろう。

④病院と在宅における「退院調整」

在宅医療が可能になるかどうかの分岐点

在宅医療を進める中での病院との接点については、先に記した在宅における緊急時の病床確保という点があるが、その他に、もう1つ、病院から退院させる上での在宅への円滑な受け渡し、いわゆる「退院調整」がある。

在宅医療が必要と誰がどのタイミングで判断するのかとお思いになるかもしれないが、まさに、この「病院側が退院させるタイミング」が最も、在宅医療に移行する時点として考えやすい。

そしてまた、在宅医療を必要とする高齢の患者は、病院での治療が終わっても「では何も医療の処置が必要ないですね」という状態での退院とはならないことから、在宅での医療提供を可能とする診療所などと病院とでコミュニケーションを図るべく、「退院調整」という機会が必要になるのである。

この「退院調整」とは、ここをどれほど丁寧に行うかによって、在宅医療が提供される中での在宅生活が可能になるかどうかの分岐点でもある。つまり、誰も彼もが在宅での生活を試みることができるわけではないのである。家族の理解や、地域に在宅医療や在宅介護の事業所があるのかどうかなど、在宅を可能とするためには、色々な要素が揃っている必要がある。そうした、患者やその家族の意思がしっかりと同じ方向を向くこと、そして、その意思を踏まえた在宅医療・在宅介護を可能にするチームが的確にコーディネートされて在宅を支える準備を整えることが、退院調整になるのである。

退院調整が、在宅医療が提供される中での在宅生活を安心して送ることを可能とする第一歩と言っても過言ではない。ここをずさんに行ったり、とにかく転院や他の施設に移すことのみを考える病院にかかってしまうと、在宅での生活に向けたチャレンジが1回失われることになるのである。在宅医療を推進する自治体は、在宅での生活を現実に進めるためにも、病院における退院調整について、具体的にしっかりと把握する必要がある。

診療情報のフォーマットを整理する

この退院調整の仕方は、実のところ、病院によって様々である。

退院後の患者とその家族の生活を受け止める在宅側からすると、あの病院ではここまでの情報を揃えて提供してくれたが、この病院では何も渡されなかった、などというように、同じ「退院」であるにもかかわらず、退院調整の仕方が異なるがゆえに、その後の在宅医療や在宅介護において混乱してしまうことがある。

このため、可能な限り、受け渡す診療情報などをルール化しておくことが望ましい。具体的には、診療情報の内容ややりとりの仕方だけではなく、入院時における退院を見据えた情報把握のタイミングやその方法、退院後に在宅医療を提供する医師の訪問時期など退院後の処置の具体的な段取りであったり、退院後に何か起きた時の病院との連絡方法なども含めて協議して決めておくことが望ましい。

さらには、退院調整した時点では患者の状態は安定していたのに、退院の日に風邪や肺炎にかかっていたなどということがないよう、退院の日までしっかりと状態を管理・維持することなどを相互に共有しておくことが、理想とされる。

柏市では、（筆者の後任で柏市に赴任した者が尽力して）在宅側に受け渡す診療情報について様式で整理し、渡す診療情報について病院間で大きな違いが出ないようにするなどの工夫を施した。

なお、これは、病院の数が少ない柏市だからできると思う方も多いかもしれないが、筆者がその後に出向した岡山市でも、担当者が全ての病院（岡山市には50を超える病院がある）に退院調整の仕方を聞き取りし、退院調整の基本となるフォーマットを整理して、各々の病院の退院調整のやり方を確認し、場合によっては現場に出向いて具体的なケースを一緒に考えて、より良い退院調整を実現することを促す試みをしている。

⑤多職種との役割分担

チーム医療を在宅で行うイメージ

そして、在宅医療を提供する上で、どうしても必要となるのが、医師だけではない看護師、薬剤師、リハビリ関係職種、歯科医師、介護職員、ケアマネジャーといった多職種との役割分担を確認することである。先にも述べたが、在宅医療を医師だけで行うことは不可能であり、看護師などの多職種が適切に患者の状態像を管理・把握していることにより、在宅医療を担う医師の負担も軽減される。

よく言われるのは、在宅医療・介護の提供イメージは、医師は1週間や2週間に1回の訪問診療で、その間に、訪問看護師、薬剤師、訪問リハビリ、歯科医師、そしてホームヘルパーといった多様な関係者が訪問する、というパターンである。

一般的には、全身の管理は、医師の指示の下で、看護師が行い、残薬の管理や薬剤をまとめる作業を薬剤師が担い、リハビリ専門職が随時リハビリをして筋力の衰えを緩和し、歯科医師が口腔の管理を行って誤嚥《ごえん》性肺炎などを未然に防ぐように措置し、介護職員が訪問介護でケアを担う、という役割分担になる。まさに、病棟でのチーム医療を在宅で行うイメージである。

この時、それぞれの多職種の役割を理解し、在宅医師を中心とした明確な指示系統・情報共有のネットワークを共有することが必要となるが、それをより効率的に実現するツールとして、ＩＣＴ（情報通信技術）のシステムがあることが理想とされる。

このＩＣＴのシステムについては、必ずしも必要なわけではなく、筆者が手掛けた柏市でも、岡山市でも、ＩＣＴありきではなく、紙ベースでのやりとりについても議論している。ただし、情報共有を効率的に行うという観点から、必ず議論の俎《そ》上《じょう》に載せられるものであり、また、様々な商品も製造されているため、どういったものが必要であるかについて、簡単に触れてみたい。

ＩＣＴのシステムに求められるもの

まず、このＩＣＴのシステムに求められるものとして、電子カルテの記載内容が網羅されているなどという精緻なものである必要はなく、とにかく、多職種がアクセスしやすいものであることが最重要の要件であろう。

厚生労働省では、保健医療情報を医療機関間で確認し合う環境を整備するため、電子カルテの普及などに取り組んでいるが、電子カルテの標準化が進んでおらず、なかなか思ったような成果に結びついていない。電子カルテには膨大な情報が、個々の医療機関ごとのルールに従って入っており、それをベースにした「在宅医療に必要な情報共有システム」を考えると、越えなければならないハードルが多いと考えられる。そのハードルを越えた先にできたシステムも、当然、相当なオーバースペックなものになってしまい、結果、それを維持管理するランニングコストも膨大なものになる可能性が高い。

それよりも、メールやラインなどを用いた手軽な共有システム（もちろんセキュリティ面は十分な対応が必要であるが）で運用している場合に、うまく動いている実例が多い。

次に、個人情報の取り扱いとなる点から、患者ごとにクローズド（closed）の共有が担保される工夫が当然のこととして必要である。

しかし、この「クローズドであること」は重要であるため、この点ばかりに目が行きがちであるが、一方で、（あらゆる症状を予見してあらゆる専門家に個々の在宅医療チームに事前に入っていただくことは不可能であるという状況下を前提とした上で）たとえば皮膚がんの早期発見など、専門医でないと判断が難しい場合などに、そうしたチーム外の医師に容易に相談できる環境はあった方が望ましい。

この点に立てば、「クローズドである」ことは厳密に担保されつつ、ある程度のオープン(open)な情報共有も可能にできる仕掛けが必要になるであろう。

3点目には、この情報共有システムのために、可能な限り手間が生じないようにすることである。報酬請求などで必要な書類に、記載した内容が添付されるなどの手間の省略も考慮されているものが理想となる。

これら3点に留意しつつ、使い勝手の良いシステム（個々の地域ごとに導入しやすいシステム）について、それを運用するコストも含め、関係者との議論が必要である。

なお、くれぐれもお伝えしたいのは、確かにこのＩＣＴのシステムはあるに越したことはないが、その結論が出るまで在宅医療の負担軽減を図る事業の試行などを待つのではなく、事業の試行はこのシステム検討と同時並行で進めることが望ましいということである。

なぜなら、ＩＣＴのシステムを空想の世界で議論すると、色々な要望を取り入れることばかりを考えてしまい、必要以上のスペックのものになって、結果としてコストが膨らみ、在宅医療の推進を妨げる理由の1つになってしまうからである。

ＩＣＴのシステムについては、在宅医療の負担軽減を図る事業などを試行で進めながら、本当に共有が必要となる情報はどういうものであるかなどを吟味《ぎんみ》しつつ、導入の検討を進めても、決して遅いというものにはならない。

意思疎通ができている環境づくり――医師や多職種がお互いを知る

さて、続いて、チーム医療を実現するために多職種が連動することを可能にする取り組みについて説明したい。

在宅医療を必要とする在宅での暮らしは、患者はもちろん、家族も不安であることから、病院から退院する際に、在宅ではなく転院や施設を選択することがある。

しかし、その在宅の生活に対する漠然とした不安を抱える患者とその家族に、家族だけではない支援体制があることを伝え、そしてその体制は、医師だけでなく、様々な専門職が患者とその家族の在宅での暮らしを支援するということ（こんなに多くの関係者が支えてくれるということ）をしっかりと説明すること（場合によっては、一堂に会してその姿を見せること）で、在宅での生活に結びつくこともある。

在宅医療を推進するためには、在宅医療の提供体制の構築とともに、こうした多職種の連動を可能にする「意思疎通ができている環境」の整備が必要である。

こうした意思疎通ができている環境の整備として、柏市では、今まで記した診診連携（診療所と診療所の連携）、病診連携（病院と診療所の連携）、そしてそれを可能とするシステム構築、退院時のやりとりの整理などと同時並行的に、多職種との勉強会として、「顔の見える関係」を構築するための会議（会議名はそのままのわかりやすいものにした）を立ち上げた。

この会議は、具体的なシステム構築を進めるなどという目に見える効果を期待したものではなく、日々、自らが関わる症例を通してしか連絡を取り合わないがゆえに、どの地域にどういった医師や看護師、介護職員などがいるかを知っていそうで知らないことが明らかになったことを問題意識として、開催することにしたものである。

つまり、この会議で目指した効果は、

・自らの地域にどういった医師や多職種がいるかを知るということ。
・その上で、どういったことを考えて日々医療や介護に従事しているかをお互いに知ること。
・そして、それぞれが携わる症例の中で一緒に取り組み、患者とその家族のために一緒にチャレンジできることを可能にすること。

というものであった。

このため、最初は、皆が名刺交換をすることからスタートしている。

こうした会議ができる前は、顔も合わせずに「あの先生はつっけんどんで電話しにくい」とか「あのケアマネは電話して良い時間か悪い時間かも考えずに電話をしてくる」などと言って、連絡を取り合わないといった事案もあったが、この会議で実際に顔を合わせてその人となりがわかってくると、それぞれの立場を重んじて連絡を取り合い、連携することがスムーズになったという効果も出たりした。

この取り組みは、新潟市などで医師会が中心となって開催した事例もあり、多くの自治体で着手されており、この動きが起きてくれば、在宅医療を推進する地域のモチベーション・アップに確実につながっていくと期待される。

後にも記載するが、岡山市では、筆者の出向前に、この動きが数年間実施されていたこともあり、筆者の赴任時には、在宅医療に対する熱量は相当程度の高まりを示していて、共通言語で医師や看護師、薬剤師、リハビリ専門職と語ることができ、結果として、非常にスムーズに在宅医療の推進を図ることができている。

4．在宅医療の推進を担う機関

扇の要――実行役となる行政機関の立ち上げ

このように、柏市では、在宅医療の研修（経営面の理解の促進も含む）、在宅医療の負担軽減システム、病院の退院支援といった3点を中心に検討が進められ、そして、多職種も巻き込んだ議論も少しずつ進められていったが、こうした動きを進める中で、関係者からは「では実行は誰が取り仕切るのか」ということが質問されるようになってきていた。検討した施策が紙の上で形にされたとしても、実行されなければ、市民に在宅医療を選択できる環境を提供できるわけではない。つまり、現場の関係者は議論した成果を目に見える形で求め始めていたのである。

この現場が求める「実行」のためには、研修の参加者の参集に始まり、かかりつけ医が在宅医療をしていない場合の在宅医療を担う医師の紹介（病院の地域連携室などからの相談や医師会との調整など）、病院の退院支援のサポートなどのタスクを担う機関が必要である。

そして、これらのタスクを果たすためには、多くの関係者との日々の議論が必要（多くの関係者によって成り立つ仕組みであるため空中分解しないためにも常に議論していくことは必要であるし、特に、たとえば「医師の紹介」など、個々の利益にも影響することもあることから、関係者による議論を逐次《ちくじ》可能にしておくことが重要になる）であって、こうした議論の扇の要の役割は、やはり行政が担わざるを得ないだろう。言わずもがなであるが、この「扇の要の役割」とは、システムなどの構築に向けた議論を牽引《けんいん》すること、議論で決まったことを実行するために黒子として関係者間をつないでいくことである。これができて、ようやく、行政は、医療・介護の専門職から役割を認識され、必要性を認められ、在宅医療の推進チームの一員になることができるのである（チームの一員でなければ、政策の推進などできない）。

こうした役割を具体的に現場で果たす機関として、柏市では、保健師などによる「**柏地域医療連携センター**」を行政機関として立ち上げることとした。

柏地域医療連携センター――在宅医療を推進する機関

このセンターについては、よく、地域包括支援センターではできないのか、という指摘がある。確かに、将来的には地域包括支援センターで同じ機能を果たすことは、筆者も否定するものではないと考えている。

しかし、今の地域包括支援センターは、介護予防の推進（プラン作成など）に加え、相談者の福祉的課題や生活に関する課題の解決に奔走している。そして、医療との関わりはほとんどなく、個別ケースでかかりつけ医との相談が必要になった場合にかかりつけ医に連絡している程度に過ぎない。

また、地域包括支援センターは、多くの場合、中学校圏域ごとに設置されるものであり、多くの自治体ではいくつかの社会福祉法人などに委託されており、このため、法人の能力に地域包括支援センターの能力が大きく左右される。

こうした現状では、地域包括支援センターに在宅医療の扇の要の役割を果たすことを求めたとしても、地域包括支援センターが今より多忙を極めることになったり、センターごとに扇の要の機能に違いが出るなど現場は混乱し、結果として在宅医療の推進は頓《とん》挫《ざ》するだろう。

こうしたことから、柏市では、地域包括支援センターではなく、在宅医療を推進する機関を新たな行政機関として立ち上げたのである。こうした柏市で検討された行政機関については、厚生労働省とその必要性を共有し、厚生労働省の地域支援事業の、在宅医療を推進するための事業の中にも位置付けられた。

柏市では、議論と並行して機関設置に動いたが、実際の設置には時間を多少要し（筆者の後任の任期中に設置された）、筆者の出向期間中にはこの新たな機関の機能を実感するまではいかなかった。しかし、筆者が出向した岡山市では、同様の機能を持つ機関が平成27年に設置され、筆者の出向時点（平成29年度）にはすでに専門職の意識醸成などの点では機能していたことから、この新たな機関とともに在宅医療の推進を図ることができ、非常にスムーズに地域包括ケアシステムの実現を進めることができた。この機関の効果については、後に岡山市での在宅医療の検討の様子とともに紹介したいと思う。

5. 柏市の取り組みから言えること

柏市では、大きく5つの観点（在宅医療の研修、在宅医療の経営面の理解促進、在宅医療の負担軽減システム、病院の退院支援、多職種の巻き込み）から在宅医療を推進するための事業に着手し、地域包括ケアシステムの具現化を図ることに成功した。

何度も繰り返すが、柏市でただ「多職種の連携を進める」だけにとどまらなかったのは、多職種の連携も在宅医療の推進を行うための「one of them」であるとして、その他の「one」である、具体的な負担軽減システムの検討の議論を開始したことと、試行的にでも在宅医療の研修が開始されたりするという目に見える行動に移行できたことが大きいと考えている。

地域包括ケアシステムの実現を目指す自治体においては、こうした具体的な行動に、できる限り速やかに移行していくことが重要である。

（6）こうして出来上がる地域包括ケアシステム【岡山市編】

1．在宅医療の推進に挑む政令指定都市、岡山

どこの自治体にも応用できる

柏市での事例について今まで記してきたが、その後、筆者は岡山市にも出向し、柏市での取り組みと同様に、在宅医療の提供体制の構築に向けた具体的な段取りを作り上げてきた。

ここでは、柏市をあくまで「先進事例」として受け止めるだけでなく、それを各地域の特

性に合わせて応用していけば、どこの自治体でも実現できる、ということの証左として、記していければと思う。

岡山市に出向した際には、在宅医療の取り組みが進んでいるまち、という印象を持って赴任していた。

実際には、私の前前任の厚生労働省からの出向者が、地域包括ケアシステムの実現のために在宅医療を推進する必要があることなどを理由に市民病院の建て替えを実現させるなどし、市の方針に在宅医療の推進を掲げて積極的に進めていた。

具体的に進められていたこととしては、医師会との良好な関係の下で、多職種間の顔の見える関係を構築して勉強する会議を立ち上げていた。さらには、市として在宅医療の推進を担う機関である「**地域ケア総合推進センター**」を設置していた（センター長は保健師）。

このため、筆者が赴任した時点で、医師会を始めとした医療関係職種の、在宅への理解度は深く、色々と相談するにあたっては、柏市の時と比べると格段に早く進んだ。

この事例を踏まえると、具体的な在宅医療を推進するためのシステム構築の前に、

①（自明のこととして）医師会と市が在宅医療を推進することを相互に確認すること。
②市として在宅医療に携わっていくこととその方法を決め、立ち位置を外向けに示すこと。
③具体的な取り組みとして、まず、多くの関係者との勉強から始めること。

という3点が大切であると考えられる。

こうした中で、筆者が赴任した当時、「医師同士で協力し合って在宅医療を推進する」という動きについて、すでに、4つの医師の有志グループが出来上がり、相互に協力し合って在宅医療を担う医師の負担を軽減する、という動きが起きていた（1つの自治体の中で有志の医師グループが複数存在し、連携して在宅医療を推進しているという動きは、好事例として紹介される価値は十分にあったと認識している）。

2．岡山市が在宅医療を進める中で抱えていた課題

有志の熱心な取り組みの一方、新規の参加が頭打ちに

しかし、こうした有志の取り組みとしての結果が出される中で、「地域ケア総合推進セン

ター」の設置以降、多職種との勉強のための会議以外に、行政がこの有志のグループの取り組みに直接に関わることはなかった。行政は在宅医療の負担軽減などの取り組みについては現場の医師たちの熱意に任せたままであった。

　このため、せっかく市が立ち上げた地域ケア総合推進センターは、役割を見失い、また、医師たちも、在宅医療に非常に熱い思いをお持ちの方々による、本当の有志だけの取り組みに「昇華」されてしまっており、新規に在宅医療に携わってみたいと考える医師には、逆に、ハードルの高いものになっているケースも見られた。

　このことは、市が実施したアンケートで「新規参入医師は、既存のグループ（３〜４人）に対して、そこへ参加したいと言いにくい」「グループを組もうと思っても、どこにどんなグループがあるかわからない」といった回答が寄せられたという結果にも表れていた。

負担の偏り、医師の高齢化

　さらに、この岡山市において、在宅医療を推進しなければいけないと決意させる極め付きの事象があった。それは、４つの負担軽減を図る医師の連携グループがあるにもかかわらず、岡山市にある病院（４００床以上の病院が７つあり、それだけでなく、それ以下の規模の病

資料2　グループ連携における課題

○グループに入っていない医師の意見

- 新規参入医師は、既存のグループ（3～4人）に対して、そこへ参加したいと言いにくい。
- 訪問診療や看取りに対する考え方などについて、ある程度共有が図れないとグループを組みにくい。また、お互いの思いなどを共有する機会があまりない。
- 医師は不在時に、先輩医師に対して、自身の患者の往診対応を依頼しにくい。
- グループを組み、連携医師が代理で往診した場合の診療報酬の算定など、事務的なことがわかりにくい。
- グループを組もうと思っても、どこにどんなグループがあるかわからない。

○グループに入っている医師の意見

- 診療所同士のグループに加え、バックアップ病院があれば、患者・医師の双方の安心感がより増し、望ましい。
- 数名の内科医で、グループを組んでいる。学会の時のバックアップなど、年に1回あるかどうかだが、こういったグループがいくつかできればいいのではないか。

（出典）岡山市作成資料から抜粋

院も合わせると、全体で50を超える）にヒアリングをすると、岡山市のどこの病院でも、在宅医療に関わる医師として、同じ診療所名、同じ医師名が出てきたことである。

これは、新規の在宅医療の医師が増えておらず、病院などで名前が出てくる診療所や医師に在宅医療の負担が偏《かたよ》り、市全域で在宅医療を推進する体制ができていないことを示していた。現に、在宅医療を展開している診療所のキャパシティが限界に近くなっているということも起き始めていた。

このことは、在宅医療を推進する上で根幹となる、負担軽減システムの肝《きも》の「相互に負担を軽減し合う」という点が実行できない診療所が出てきてしまい、在宅医療の推進そのものが崩壊することを意味している。

また、岡山市の在宅医療を担う診療所の医師の状況を確認すると、医師の高齢化も課題としてあることが明らかになった。

こうした状況を踏まえ、岡山市において、少しでも多くの（特に若手の）医師に在宅医療を担ってもらうため、具体的な動きを開始した。

3．在宅医療の推進に向けた議論・実証

市を10万人単位の圏域に分ける

筆者の前前任がすでに、医療関係者の間での在宅医療に関する熱量を引き上げる取り組みを進め、さらに、在宅医療の相談・調整を担うため、市が運営するセンターも設置していたことから、筆者は、

ア　在宅医療を担う医師の負担軽減を図るシステムの構築
イ　在宅医療に新しく参入したいと考える医師たちが参画できる研修
ウ　退院調整のフォロー
エ　地域ケア総合推進センターの機能強化（業務の見直し）

の4つに絞って力を入れ、在宅医療の体制を実際に目に見える形で構築していくことに集中することができた。

その具体的な進め方であるが、岡山市内で、すでに福祉区として設定されていた6つの地区（北区北、北区中央、中区、東区、南区西、南区南）ごとにワーキンググループを設置する方式で、検討を進めることとした。

よく言われることであるが、政令指定都市では、地域の範囲や人口規模が大きすぎるので、全体で検討を進めることは難しいとされる。岡山市は人口が約70万人であり、6つの地区は、それぞれ約10万人単位の圏域とすることができる。これならば、行政としての手間は多少かかるが、人口10万人単位という、患者はもちろん、そこで活躍する医師や専門職の顔も具体的にイメージできる範囲で、実際に動くための検討ができる。

先に取り上げた柏市の場合も、人口約40万人の中核市であるため、北、南、中央の3地区に分けて、人口おおよそ10万人単位での在宅医療の展開を考えていた。在宅医療の提供圏域は約16キロと言われていることと、介護の日常生活圏域を合わせて考えた時に、最大公約数的な圏域として非常に受け止められやすかったということも、岡山市でこの手法を取ることができた1つの理由である。

ちなみに、岡山市の場合は、6つの福祉区で在宅医療を推進することをプロジェクト化するため、モデル事業としてその経費を予算化して事業を進めている。これは、柏市の場合は、東京大学高齢社会総合研究機構とＵＲ都市機構との合同事業であったため、すでにプロジェクト化されており、行政による関係者の巻き込みを図りやすいが、そうした外圧とも言える動きがない場合には、市が自ら予算化して事業の裏付けをすることが、関係者の巻き込みをスムーズにできるからである。

関係者を巻き込むには、まず隗《かい》より始めよ、ということで、市の姿勢を示すことが大切である。

地区ごとの事情に沿って検討する

このワーキンググループで議論する事項は、先の４つの検討事項のうち、アの在宅医療の医師の負担軽減を図るシステム構築と、イの研修、ウの退院調整のフォロー、の３つとした。そして、６つの地区ごとに、診療所と病院の医師をメンバーとして、システムの内容の具体的な検討と、検討したシステムの試行運用（この時点で地区内の診療所の医師に広く声掛けをしてメンバーを増やしていく）を行うことを目的として、議論をスタートさせた。

この各ワーキンググループの診療所と病院の医師については、医師会に推薦の依頼をした上で、地区ごとの医療提供体制の動きを確認し、病院から退院後の診療所の医師による在宅医療の提供の試行的な運用もイメージしながらメンバーを選定している。

これは、岡山市が、それまで在宅医療の推進を市の政策として掲げて、すでに在宅医療を市域の関係者で議論する会議体を設置していたが、そうした会議体の地域版ではない。在宅医療を提供できるようにすることに賛同する医師たちが、しっかりとこの動きに参加できるよう、医師会にも組織としてコミットしていただきつつ、実際の診療に携わる部分については、地区の病院や診療所の先生方で「各地区ならでは」の事情も勘案した具体的なシステムの検討を進めていただき、現場で使いやすいものにする、という効果を目指して設置・運営をしていった点が最大の特徴である。

①在宅医療の負担軽減システム

ネックは過重な時間的拘束

さて、在宅医療を担う医師の負担軽減を図るシステムの構築についてであるが、必要性については、市で実施しているアンケートにも結果が出ていた。

在宅医療を始めるにあたり、ネックに思っている点は、「時間的拘束の負担増」「24時間の往診体制が困難」などが挙げられている。

そして、市の在宅医療を推進する会議でも、また、医師会内の在宅医療を推進する会議でも同様のことが指摘されており、在宅医療の提供にあたっての負担軽減システムの構築を、行政に期待する声が大きくなっていた。こうしたところにも、在宅医療の熱量が高まっていたことが表れている。

そこで、柏市の時に参考にした京都府、新宿区、長崎在宅Ｄｒ．ネットの取り組みと、柏市の「主治医・副主治医システム」も併せて検証し、医療側に提示する行政案の作成に取りかかった。

最初に立ち上がった中区のワーキンググループで議論された案としては、地域の診療所同士による主治医・副主治医システムと、地域の診療所と24時間訪問診療を行う診療所との連携システムの２つを検討した。結果として、主治医・副主治医の変形版としての、地域の診療所による主治医と主治医以外のグループ医による補完システムとなった。

主治医とグループ医が補完的に動く

具体的に説明すると、中区のワーキンググループでは、２つのグループ（１つは新規に編

成、１つは既存のものを改編）が編成されたが、そのどちらのグループも、

・在宅医療のバックアップ病床としての機能と、適切な退院調整の実施の役割を担う病院。
・在宅医療を主に担う主治医。
・主治医に対して、専門診療科の知見からサポートする専門医（眼科、皮膚科、耳鼻科、整形外科など）。
・主治医をサポートする役割を果たす医師（いわゆる「副主治医機能」を果たす医師）。

で構成することとしている。

主治医は患者を主に訪問診療する医師であり、副主治医は主治医が訪問診療できない時の訪問診療を補完する医師という役割分担は柏市と同じであるが、この副主治医については、特定の誰かを決める場合もあれば、グループ内の複数の医師で対応することとしてリスクを分散させることも可能としたところが、柏市とは異なったアプローチである。

資料3　岡山市の在宅医療提供体制の連携イメージ①

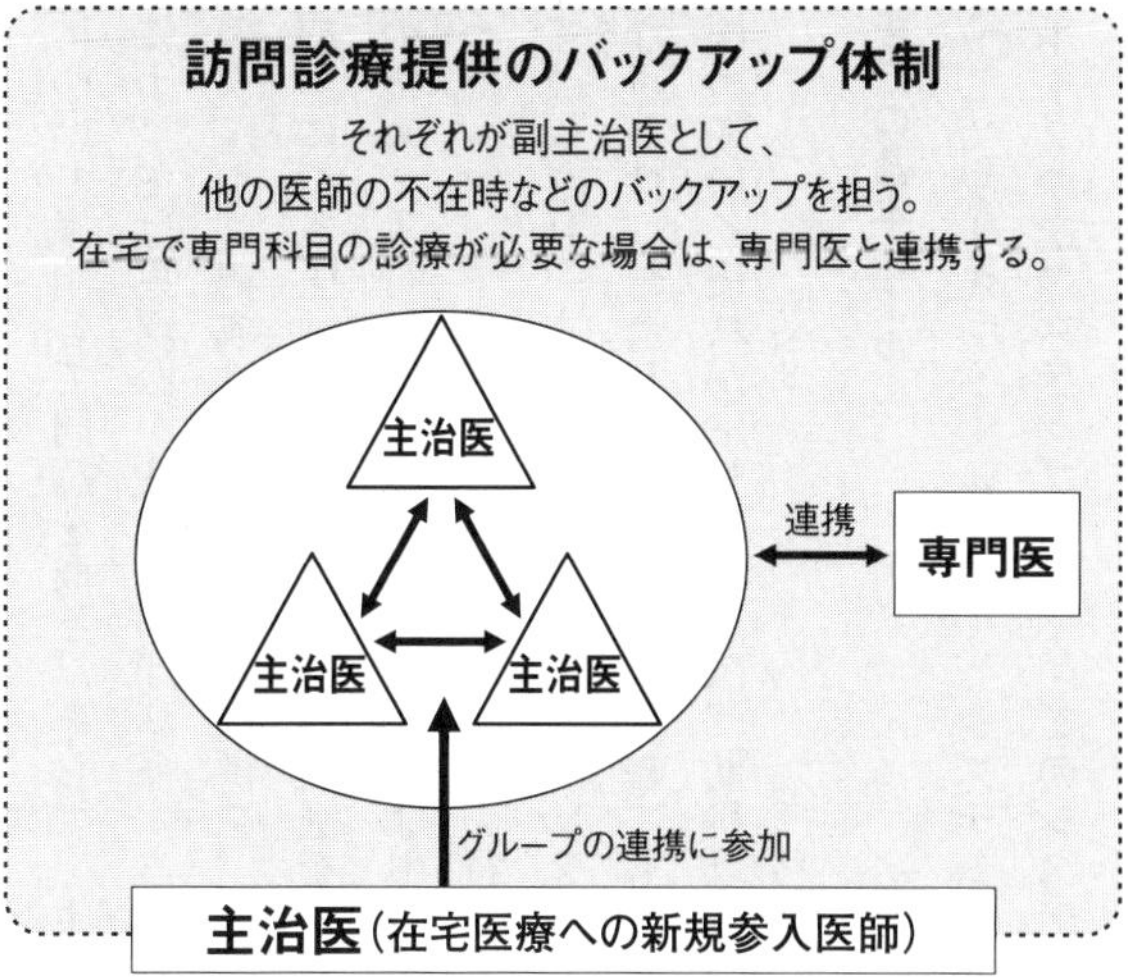

（出典）岡山市作成資料から抜粋

専門医がサポートする

また、もう1点、柏市とは異なったアプローチとしたのは、専門診療科の知見を有する専門医がサポートする体制をはっきりと構築したことである。事前に在宅医療の推進に協力いただける専門医を一覧に整理して、グループの医師たちに共有し、主治医の専門外の症状が発生したり、専門医の助言が必要な状況となった時には、その一覧にある専門医に随時《ずいじ》相談が可能にした。

そして、必要な場合には、その専門医が往診・訪問診療することも可能とした。

具体的には、相談事案が発生した場

合に、主治医が、患者とその家族に対して、専門医に相談することや、専門医が往診を行うことについて説明して同意を取る。そして、主治医が専門医の一覧を基に連絡・相談して、場合によっては専門医が往診・訪問診療する、という形としている。

　このグループ構成は、在宅医療の提供を、役割や必要性の観点から実務的に整理し、在宅医療を主に担う医師以外に、病院、専門医を含めた体系的なものとして設定したものである。

　このため、先行していた有志の医師により構成されて動いていた４つのグループとは多少異なったメンバー構成となっているが、先行しているグループも、こうした議論の内容を踏まえて改編され、また、先行しているがゆえの知見や、情報共有システムなどで協力し合うような可能性（統合していくことも含む）も追求し、市民に提供する在宅医療のレベルアップを図っていく流れが生じたことは、期待以上の効果が出たと言える。

動き方の基本ルール

　こうしてワーキンググループで、システムの大枠が決定されていったわけだが、ワーキンググループの次のステップとして、このシステムを具体的に動くようにするための基本ルールの検討に移った。

柏市のシステムの検討では、具体的な動き方は筆者の後任が尽力して整理したが、岡山市では、動き方の基本ルールまでを筆者と市の職員とで一緒に整理できたため、紹介させていただければと思う。

まず、患者とその家族、病院の地域連携室などが相談して、主治医を決める。そして、その上で、患者とその家族には、主治医不在時の急性増悪時の対応について、副主治医が対応する旨を書面を提示しつつ説明し、同意をもらうことにしている。

その後、必要に応じて、副主治医と患者やその家族が顔合わせを行い（グループで副主治医機能を果たす場合も同様）、患者や家族との信頼関係の構築に努めることとしている。

こうした手順を踏んで、主治医と副主治医を決め、実際の在宅への移行を進める。在宅に移行した場合には、月１回程度、カンファレンスを開催して、統一様式のシートを用いて情報共有を行い、多職種で患者情報の共有を図っていく。

次に、バックアップ病床機能を果たす病院については、退院調整の際に、主治医が事前に登録することとした。これには、２つの狙いがある。

１つは、いくら院長と診療所の医師同士で緊急時の入院を約束しても、実際に入院が必要となった時点では、現場に断られるのでは、という懸念が示されたため、その可能性をなく

資料4　岡山市の在宅医療提供体制の連携イメージ②

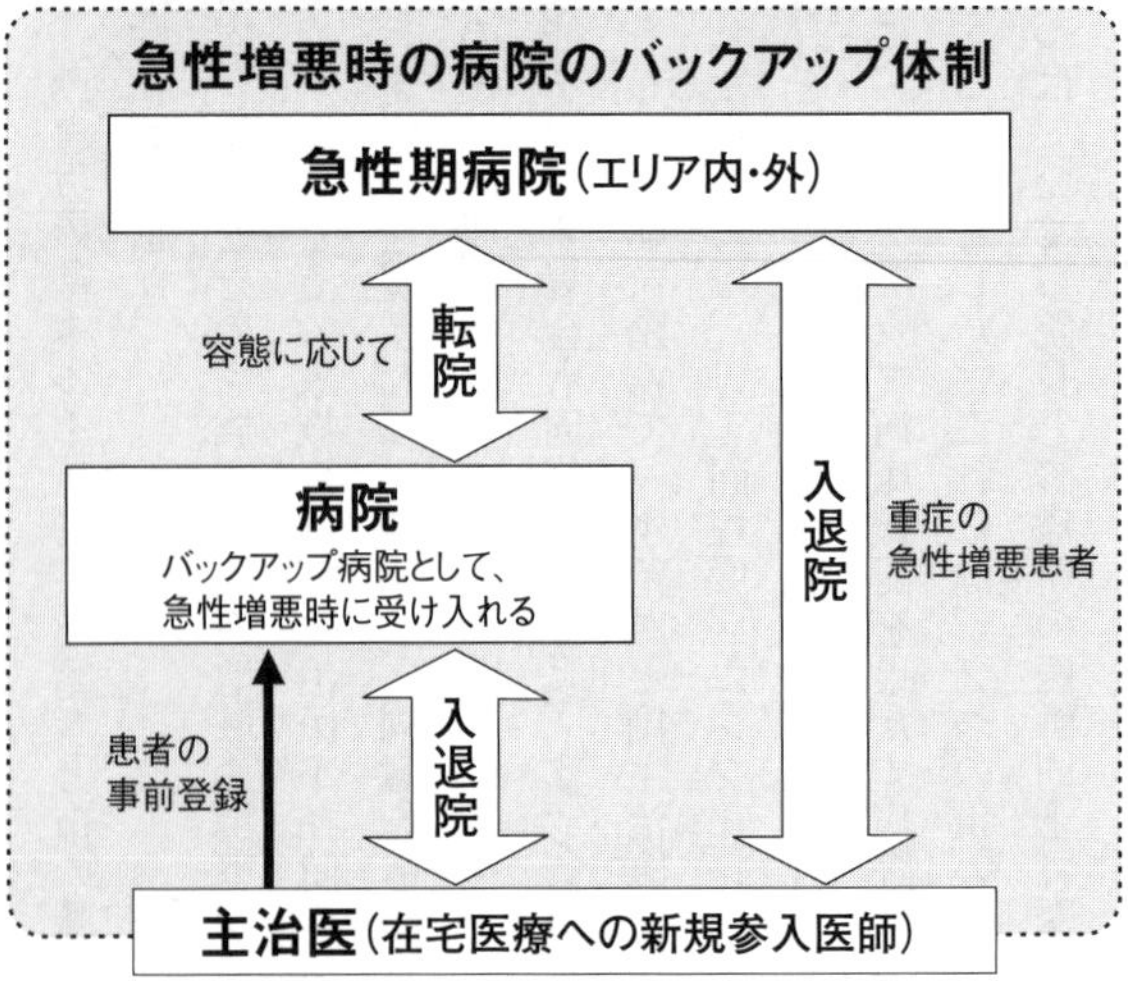

（出典）岡山市作成資料から抜粋

すという狙いである。

もう1つは、岡山市は中心部に400床以上の病院が集まっており、それゆえ、市民は、自分が暮らしている圏域（日常生活圏域）の病院を利用しているとは限らない状況にある。そうした状況の中では在宅医療を安定して機能させることは困難なため、市民が暮らしている圏域の病院が一次的なバックアップ機能を果たすことにより、市民が利用している病院と暮らしている圏域とを可能な限り近いものにして、在宅医療の動きを円滑化するという理由である。

具体的な流れは、まず、患者や家族に

事前に説明して病院を登録することの同意をもらう。バックアップ病床機能を果たす病院は、基本は、患者が受診していた、または退院元の病院とし、それ以外の場合は、患者の疾患、病院機能、患者宅からの距離などから、主治医が決定する。この際、第1優先となった病院が受け入れできない時のことも想定して、他の病院も登録する。そして、実際に在宅医療において入院が必要と判断された時には、主治医または副主治医からバックアップ病院へ連絡して、必要な診療情報や患者・家族の意向について情報提供すれば、円滑に入院できるようにしている。

ワーキンググループでは、この基本ルールに則って、ダミー患者でシミュレートし、定めた基本ルールの検証を重ね、そして実際に患者に基本ルールを適用して、試行的に在宅医療の負担軽減システムの運用を行う流れとした。

②新たに在宅医療を担う医師向けの研修

新たな医師の参加につなげる

次に、こうした負担軽減システムの稼働が目に見えて進んできたことから、新たに構築したグループに参加する医師を参集することを主な目的として、在宅医療を新たに担うことを考えている医師向けの研修を行うこととした。

これは、柏市で行っている東京大学高齢社会総合研究機構の内容を参考にしつつ、参加しやすくするために、日曜日にコンパクトな時間で習得できるよう少しメンテナンスを行ったものとしている。そして、何より、実際に在宅医療を担っている医師に同行訪問をして、その場で在宅医療のやり方を見る、という機会も作っている。

この研修は、負担軽減のシステムの形が見えてきたこともあり、出席者も一定の数に上り、新たな負担軽減システムのグループ医に参加する動きにつながっていった。こうした一連の動きにより、モデル事業開始時には、中区で先行して作られていた負担を軽減するグループに参加していた医師は4人であったが、モデル事業の試行的運用開始時には、グループは新たに1つ新設されて2つとなり、医師も9人になった。

柏市の時と同様、やはり、具体的なシステム構築の議論、そして、試行のタイミングと研修の実施が重なると、非常に良い結果につながると言える。

③病院における退院調整

行政が関わる重要なポイント

こうした在宅医療を提供する診療所の負担を軽減するシステムの議論を進める一方で、病院における退院調整を吟味してスムーズなものにする必要があった。退院調整に関しては、３つの課題があったからである。

以下、順に紹介していきたい（実務的には、これが行政が関わる重要な点になる。個々の医療機関による取り組みだと、地域単位で病院の退院調整にまでは介入することができないのである）。

在宅医療の資源を把握し、関係性を作り、共有する

まず１つ目は、先に記したとおり、病院の地域連携室などが、在宅を希望する患者とその家族に紹介する診療所名・医師名が、岡山市内のどの病院でも同じだったという問題である。

これには、そもそも十分な数の在宅医療を担う診療所がない、ということがある。負担の重さを理由に、在宅医療を担うことに躊躇している診療所が多いため、主には負担軽減システムの構築などで、解決を試みることが中心になる。

しかし、もう１つ、病院側からの別の視点として、岡山市の各病院の地域連携室などが、

在宅医療の資源を十分に把握できていない、または、地域の在宅医療を提供する診療所との関係が構築できていないという可能性も考えられた。

このため、地域の在宅医療を提供する診療所を、病院の地域連携室などが知ることができる機会を支援することとした。具体的には、在宅医療を提供している診療所の一覧を地図にマッピングしたものを作成し、病院の地域連携室に配ってお知らせした。

これは、本格的に在宅医療をやっていると言っていなくとも、「自分が今まで診ていた患者が、在宅を希望されたらしっかり診る」という気概をお持ちの医師もおられたため、こうした医師を着実に病院の地域連携室などにつなげていく効果を期待したものである。

在宅医療の推進は、結局は、各地域でどういった医師がどういう在宅医療をしているのかを知ることから始まる。在宅医療の推進を役割とする担当課・室は、まずは市内の診療所や病院を訪問することが仕事になる。

そこで得た情報を、行政だけで把握しておくのではなく、病院の地域連携室などに公開していくことで、1つでも在宅医療の提供につながっていくのであれば、行政としては十分コストをかける意義があるであろう。こうした地道な取り組みも、在宅医療を推進するにあたっては重要なことである。

やりやすい退院調整の仕組みを作る

２つ目は、退院調整の視点が不十分であり、在宅への移行がスムーズにいかないということである。

岡山には、50を超える病院のうち、４００床以上ある病院が７つ存在する。そうした７病院では、退院調整担当の看護師を配置するなどして取り組み、円滑な退院が実現できているが、それ以外の中規模・小規模の病院については、退院調整のやり方がわからないなど、適正な退院調整ができていない（人員も十分に確保できなければ、余裕もない）ことも散見された。

このため、岡山市では、筆者の前前任が設置した「地域ケア総合推進センター」が、退院調整のマニュアルを整理し、それを基に、患者が安心して在宅生活を続けていくための退院時状況確認シート、退院時チェックリスト、退院時役割分担表といったツールを作成した。これらを各病院に送り、各病院で実施されている退院調整のやり方を見直してもらうことにもチャレンジした。

困難に直面しているケースへの対応

そして、もう1つは、退院調整で困難に直面しているケースの存在である。

在宅を希望する患者とその家族に適した退院調整というのは、意外に手間がかかる。

まず、在宅での生活環境を把握し、どういった医療や介護サービスが必要になるかを精査し、その関係機関をピックアップして紹介する。その上で、可能な限り全員が集まって、退院後の生活と必要になるサービスの提供に関する情報の共有などを行うことになる。

こうした中で、かかりつけ医がいないなど、訪問診療が必要でも調整が困難な場合や、生活困窮、難病、精神障害、老々介護、ダブルケアといった福祉の専門的介入が必要なケース、さらに、それらが複数あるケース、といった場合には、在宅を希望されても、病院という医療機関だけで退院調整を行うには、なかなかハードルが高すぎて、途方に暮れてしまうのである。

そこで、再び、筆者の前前任が設置した「地域ケア総合推進センター」の出番となる。こうしたケースで、病院からセンターに相談があった場合、センターが病院の地域連携室と協力して退院調整を行い、在宅医療に結びつけていくこととした。

まず、在宅医療を提供する医師がいないケースであるが、本人やその家族の同意を得た上で、センターの職員が病院に出向く。そして、患者本人のアセスメント（評価・分析）を行い、病院や患者などの意向を踏まえ、診療所に対して行ったアンケートの情報を基に在宅医療を担う医師の候補を選定する。

この時、診療科や疾患、症状、必要な医療処置、看取りの有無、患者宅との距離（原則は小学校区内とし、なければ圏域を広げる）により診療所の候補を決定することとしているが、センターの情報のみではかかりつけ医の選定が困難な場合は、医師会へ相談することにもしている。

そして、候補になった診療所の医師に受け入れ確認をし、決定がされれば、訪問看護や薬剤師などの多職種によるチーム編成に移行する。

次に、福祉的な課題を抱えたケースについては、病院の地域連携室などが、市のそれぞれの福祉関係の部署と相談することは、非常に多くのコストを支払うこととなってしまうため、センターの職員が、本人やその家族の同意を得た上で、病院に出向き、アセスメントをし、把握された福祉的課題の内容に応じて、福祉事務所、保健所、地域包括支援センター、社会福祉協議会などと調整を行い、必要な支援制度に結びつけていくこととしている（ここで必要なプレイヤーとして判断された福祉関係の専門職は、可能な限り、退院時カンファレンスなどに参加するようにしている)。

こうしたスキームを用意していたため、実際に、一人暮らしで在宅での生活を希望していた患者で、当初は病院側が施設への入所を調整しつつも、疾病を罹患して住居・身寄りがないことから結果として調整が不調になってしまったケースについて、センターが介入して、医療面、介護面、住居、経済面のそれぞれの課題を整理して支援に結びつけ、患者が在宅生活に戻ることができたというケースがあった。これは素晴らしい成果を発揮した事例である。

4．在宅医療の推進を司る機関(地域ケア総合推進センター)

当初は医師や病院への介入に躊躇していた行政

以上のように、退院調整の見直しを進めていったわけであるが、非常に効果的かつ機動的に対応できたのは、すでに随所で書いているとおり、「地域ケア総合推進センター」という機関があったからである。

このセンターは、先にも紹介した、柏市の「柏地域医療連携センター」を参考にして設置されており、役割も同じものを想定していた。このため、在宅医療の研修、在宅医療の負担軽減システムの運用、退院支援のサポートなどを期待されたものであり、保健師や社会福祉士などの専門職が配置されている。

しかし、筆者が赴任した当時は、こうした効果を期待できるセンターという様子はなかった。岡山市では、在宅医療の推進が各自治体で今のように必要とされる前から、筆者の前前任が主導して、市として在宅医療を進める計画を作り、そのための会議体（医師会や有識者も交えた会議体）や、医師会内にも在宅医療を進めるための会議の設置がされていた。

しかし、その後、施策の推進力が鈍り、センターが担っていた事業は、こうした会議の運営と意識醸成のための研修の実施などにとどまり、現場での専門職の支援という役割（在宅医療を提供する医師のコーディネートなど）を果たすには程遠いものになっていた。

岡山市の場合は、現場の医師や専門職の意識が高く、（行政から見ると自然発生的に）有志の医師たちによる４つの在宅医療を進めるグループができるという素晴らしい動きがあった。しかし、先にも記したとおり、市全体で在宅医療を進めることまでには至っておらず、政策としては道半ばも道半ばであった（厳しい表現をすれば、現場の力で進んだのであり、行政として政策を進めたとは言えない）。

こうした状況になったのは、会議体など政策の決定スキームはあっても、行政が現場で活きる政策の提案と中身の精査、さらには精査した政策の実行ができず、行政が現場の医療・介護の専門職のチームの一員になることができていなかったからである。

　その証拠に、在宅医療推進のための行政機関であるセンターの認知度は低く、専門職からの相談などもほとんどなかった。想像するに、チームの一員にどうすればなることができるのか、わからなかったのであろう。岡山市も、他の自治体と同様、診療所の医師の具体的な行動や病院のルールに介入していくことに躊躇していたのである。

「在宅医療」と言えば「センター」——期待を担い再出発

　このため、まず、専門職、特に在宅医療で言えば病院の地域連携室などが、どういったことに困っているのかを把握することから始め、せっかく立ち上げた宝物とも言える地域ケア総合推進センターに求められていること、それに応えるために必要とされる機能を、あらためて確認することとした。

　行政も人と同じで、期待されていることがわかれば、その期待に応えることを目標として邁進すれば良いと決断できるからである。

　その結果、先述したとおり、岡山にある50を超える病院のうち、４００床以上の大病院は、在宅医療の医師との調整には困難はないものの、福祉的な課題を抱えた患者とその家族への対応に悩み、多くの時間が取られていることがわかった。

また、その他の中小の病院では、大病院が抱える福祉的課題を抱えたケースへの対応に加えて、そもそも退院調整の仕方が整っておらず、さらには、在宅医療の医師との調整にも困難を極めていたところがあった。

このため、センターの役割を再整理し、センターの中核的な役割として、在宅医療の負担軽減システムにおける、

・在宅医療の医師が見つからない場合の調整（医師会との相談含む）。

・在宅を希望する患者とその家族の福祉的な課題の相談・支援（病院の地域連携室などの支援）。

を位置付けた。

そして、退院支援の箇所で記載したとおり、病院における退院支援についても、医療機関が実施するものであることを前提としつつ、退院調整で困難を極めた場合の支援（必要に応じて実際に出向きアウトリーチも行う）も機能として位置付け、病院の地域連携室などと退院支援のやり方を見つめ直す機会の提供も果たすこととした。

さらには、設置から時間が経過してしまっていたがゆえに、在宅医療推進の象徴として対外的に早く再認識いただくため（在宅医療を推進するチームの一員として早く認めてもらうため）、従前からの多職種との会合に加え、6地区ごとのワーキンググループの事務局や、在宅医療を担うことを考える医師向けの研修の開催なども担うこととした。

つまり、「岡山市の在宅医療」と言えば、全て「地域ケア総合推進センター」、という頭に地域の専門職がなっていくよう、こうした在宅医療に携わる専門職を支えるサービスを洗い出し、その任を果たす機関としてセンターは再出発することになったのである。

そして今、このセンターが中心になり、これまで記した岡山市の在宅医療の推進の取り組みが進められている。

こうした機関がなければ、現場の専門職にとって、行政は何をするのかわからないであろうし、行政コストのかかる在宅医療の議論はできなかったと、筆者は確信している。

（7）柏市と岡山市の取り組みから言えること

市町村において、実行に着手するのみ

柏市と岡山市の在宅医療の取り組みをまとめると、

①医師会との関係を冷静に確認しながら、アプローチを複数持って、より良い関係の下で取り組みができる環境を作る。

②専門職の意識醸成などを目的とした会議は、地域の熱量を引き上げるために必要であり、そこから取り組みをスタートすることは非常に意義深い。

③その一方で、在宅医療の推進のための機関（現場への働きかけを行うことを主な役割とする機関）を設置し、在宅医療の推進の中心的役割はそこが担うものとして、意識醸成の会議の裏側で各事業の行政案の検討を行う。

④現場で必要とされる在宅医療を進めるためのシステム（負担軽減システムなど）を議論し、議論の結果決まったシステムを試行するまで持って行く（退院調整の確認も並行で進める）。
⑤目に見える事業成果を関係者が実感する効果も視野に、在宅医療を始めるにあたって、その具体的な内容を医師や多職種が学ぶ研修をスタートする。

という5点を計画的に取り組めば、どの自治体でも実現が見えてくると筆者は考えている。

在宅医療の推進に向けて一歩踏み出すということを目的として、多職種の合同の会議を開催することなどからスタートすることは、非常に意義のあることである。

しかし、こうした会議などを単体でやるのではなく、その踏み出された貴重な最初の一歩を皮切りに、可能な限りこの5点を一連のものとして、現場で在宅医療が実行される動きが出てくるまでやりきることができれば、在宅医療、ひいては、地域包括ケアシステムは実現する。

地域包括ケアシステムの実現について国は「地域支援事業や地域医療介護総合確保基金という財源を使うことができるので、地域の実情に応じて取り組んでいくこと」というスタンスでいる。

長崎在宅Ｄｒ．ネットの仕組みもあれば、世田谷区の仕組みもあり、また、筆者のように同じ人間が別の地域（柏市と岡山市）で取り組んだとしても、それぞれの地域で異なる仕組みになるように、出来上がる地域包括ケアシステムの姿は、多くの人が言うとおり、「地域の実情に応じた」多様なものになる。そして、地域包括ケアシステムの構築に向けて、取り組まなければならないことは、厚生労働省を始め様々な人が示唆しており、すでに相当程度明確になっている。しかし、問題は「出来上がる」状況になかなかならないということである。

今回、現場というステージでどのように実行していくのかについて紹介をさせていただいた。

一部の市町村では、独自に市町村版の医療計画を作成するほどにまで、在宅医療というものを切り口にして、医療のあり方について議論を進めているところもある。

地域包括ケアシステムの構築が進むには、特別な秘策などはなく、とにかく、市町村において実行に着手するのみなのである。

第2章　そして、地域包括ケアシステムは深化する

（1）これからも地域包括ケアシステムは必要とされるのか？

第1章では、地域包括ケアシステムとは何か、ということと、今は行き詰まっている地域包括ケアシステムを、どうすれば構築できるかについて説明をしてきた。

また、そもそも地域包括ケアシステムの必要性は、高齢化社会にどう立ち向かうかという観点で議論されたものであるが、それだけでなく、「今」地域包括ケアシステムを作ることが、これからの時代の医療・介護にとってもプラスになっていくということも書いた。

では地域包括ケアシステムは、医療・介護の観点からのみ必要とされるべきものなのか。

昨今の人々の暮らしは、様々な価値観に則って多様化しつつあるし、オール・ジャパンで社会的な課題を考えた時には、少子高齢化の結果としての人口減少社会に直面することが最大の課題となっている（政府の閣議決定においても、人口減少局面の対策が中心だ）。

筆者は、本書の冒頭にも書いたとおり、価値観の多様化の中で人々の暮らしをより良くしていくための社会システムとしても、また、人口減少社会で求められる社会システムとしても、どちらにおいても地域包括ケアシステムは今後も重要な考え方であり、引き続き「目指すべきは地域包括ケアシステムである」と言いたい。

しかし、今のままの地域包括ケアシステムで良いとは言えないとも考えている。

やはり、時代の変遷とともに、求められる社会システムも変化が求められる。

筆者は、本書の冒頭にも示したが、地域包括ケアシステムは、高齢者に限定するものではなく、「全世代型のもの」に深化する必要があると考えている。

この第2章では、その「全世代型への深化」について書いていきたい。

（2）地域包括ケアシステムの深化とその必要性

「高齢者のため」から「全世代型」への深化

地域包括ケアシステムは「地域における医療及び介護の総合的な確保の促進に関する法

律」に定義がされている。

具体的に条文で紹介すると、「地域の実情に応じて、高齢者が、可能な限り、住み慣れた地域でその有する能力に応じ自立した日常生活を営むことができるよう、医療、介護、介護予防（要介護状態若しくは要支援状態となることの予防又は要介護状態若しくは要支援状態の軽減若しくは悪化の防止をいう。）、住まい及び自立した日常生活の支援が包括的に確保される体制」とされている。

このように、明確に定義上「高齢者が」と記載されていることからもわかるとおり、地域包括ケアシステムは高齢者のためのシステムと理解される。

筆者はその定義を「時代から乖離していて間違っている」と指摘しているのではない。そうではなく、この「可能な限り、住み慣れた地域でその有する能力に応じ自立した日常生活を営むことができるよう、医療、介護、介護予防（略）、住まい及び自立した日常生活の支援が包括的に確保される体制」は、現在進みつつある「多様な価値観を認め合う社会」を考えていく中では、特に「高齢者」だけを主語にする必要はないことを問題提起し、「全世代型への深化」を提案したい。

疾病や傷害、課題を抱えるのが当たり前の社会に

それでは、高齢者に限定しない形での地域包括ケアシステムの深化について、考えてみたい。

本書の冒頭にも書いたが、これからの「色々な価値観やアイデンティティーの人がともに暮らしていく」という時代にあっては、疾病や障害のあること、何らかの課題を抱えていることなどは「当たり前のこと」という受け止めがされるだろう。

これは何も遠い未来の話をしているのではない。「今」でも、親の介護や子育てに悩んだり、自分や配偶者の仕事、健康状態に悩む、といったことは、ごくごく身の回りに起きていることだ。ただ、その当事者が取り立てて話題にしないため、目につかないだけである。

もし今、自分がその当事者になっていないのであれば、それは確率論の成せる業によってのみであり、誰にでも起こり得る話なのである。

こうした環境下にある我々が、それぞれ課題を抱えつつも、より良い生活を送ることができるようにするためには、どういった社会システムがあることが望まれるのだろうか。

少し具体的なケースで考えてみたい。

病気になっても、自分らしく、より良い生活ができるシステム

たとえば、胃がんと診断されたり、脳梗塞《のうこうそく》を患ったり、糖尿病で透析の必要性を指摘されたりした時、まず何を考えるだろう（生活習慣病に罹患することは何も特別なことではない。35歳以上の日本人では、年齢が上がるにつれて生活習慣病の罹患者の割合は増えているし、がんについても、感染によるものを除けば、主な要因は生活習慣とされている）。症状の緩和、今後の治療方針といった、医療面の課題が最初に頭に浮かぶであろうか。

その後、明日以降の仕事はどうしたらいいのか、治療を受けながら仕事はできるのか、そもそもどんな生活になるのかという、生活面の不安に苛《さいな》まれるかもしれない。

その中で、子育てや親の介護はどこまでできるだろうかという心配も頭をよぎるだろう。今までは、「仕事」と「子育て・介護」の両立に必死だったが、「治療」と「仕事」と「子育て・介護」の「課題の三《み》つ巴《どもえ》」に直面することに愕然《がくぜん》とするだろう。果たして乗り切ることは可能なのかと思い悩む。

また、今まで築き上げたキャリアの継続は強く望むものであるし、自らの完治は何よりも希望するものであるが、その両立の困難さに呆然《ぼうぜん》とする人は多い。実際に、がんに罹患した人の一定割合が、離職を選択している。平成25年の「がん体験者の悩みや負担等に関する実

態調査」の結果によると、診断時点で約３割の「お勤めの人」が依願退職している。その理由の１つとして、治療や検査のために通院しながら働き続けることは困難だという意識があることは、容易に想像がつく。

子育てや介護を破綻させないようにしつつ、仕事か、治療か、の選択をしなければならない（何かをあきらめなければならない）というのは、果たしてより良い生活を可能にしていると言えるのだろうか。

やはり、疾病の中でも自分らしくあり、また、子育てや介護も、仕事も、治療も、より良い状況にしていきたいというチャレンジを後押しする社会システムが期待されるのであろう。

子育てをしつつも、キャリアを追求できるシステム

このことは、共働き世帯や、シングルマザー・シングルファーザーの世帯の子育ての環境であっても同じであろう。

保育園を始めとする子育て環境は、多くの親の心配の種である。加えて、子どもが疾病に罹患した場合には、医療や生活の支援が必要になる。こうした子育ての一方で、生活を成り立たせるためにも仕事のあり方は重要な点であるし、キャリアを追求することを考えるので

あれば、なおさらである。

現に筆者の身近な人たちも、子育てとキャリアの継続について深く悩み、選択を迫られる（何かをあきらめなければならないと思い悩んでいる）事態に直面している。子育てと、キャリアの継続という自らの可能性、そのどちらもより良いものであってほしいと多くの親は強く望むものである（筆者もこの多くの親の１人である）し、それへのチャレンジを後押しする社会システムがあってしかるべきであろう。

多様な人々のチャレンジを後押しするシステム

これから必要とされる社会システムは、多様な価値観の下でそれぞれの暮らしを最大限に良くしようとする時、抱えている課題をクリアするための選択肢を様々な支援策で作り出しながら、暮らしたい地域で自分らしく暮らすことを可能にしていくシステムであると言うことができるだろう。困っているから支援を受けるというのではなく、「自分らしく暮らす」ことにチャレンジするために必要な環境を整備するシステムである。

一方、地域包括ケアシステムは、住み慣れた地域で医療・介護を一体的に受けながら自分らしく暮らしたいというニーズを実現するシステムであるが、これは、要介護になった高齢者が生活が困難だから支援を受けるというだけではなく、介護や医療が必要になっても、自分らしい暮らしを選択できる（そして、最期の暮らし方も選択できる）ことを実現するシステムでもある。

そうであるならば、これからの社会システムが目指している社会は、地域包括ケアシステムのそれと全く同じであろう。

この「これからの社会システム」の主な要素は、

・生活の安定を図るための福祉的な支援（福祉サービス）。
・健康増進と、（必要になった時の）適切な医療の提供。
・仕事などを通じた生きがいある暮らし。

であり、これらが包括的に提供・実現されるシステムというものだと考えられる。

つまりは、今までの地域包括ケアシステムが、高齢者向けの支援である「介護」と、家で医療を受けられるようにする「在宅医療」を整備のメインターゲットとしていたものとすると、これからの社会システムは、多様な人々の暮らしへのチャレンジを後押しするという観点で、「多分野の福祉的な支援」と「健康増進と治療が必要になった場合の適切な医療の提供」というものにそれぞれがバージョンアップしていくということであって、地域包括ケアシステムの深化系（本書の冒頭で地域包括ケアシステムを発展させた考え方として示した「全世代型の地域包括ケアシステム」）と言うことができるであろう。

重要な「生きがいを感じる」という要素──「働く」こともメニュー化する

そして、今の地域包括ケアシステムを最も深化させる点としては、「生きがいを感じて暮らす」という要素を持ち合わせるように考えていくということである。

先に掲げた法の条文においては、医療、介護、住まい、予防、生活支援といった「ケアが必要な人」に対する「支援メニュー」にとどまっている。しかし、障害者への就労支援で見る生き生きと暮らし自信を持つ人たちの顔や、高齢者が就労や社会参加をして、いつまでも社会に必要とされる実感を得ている時の姿などは、本当に素晴らしいものである。

就労や社会参加のような「生きがいを感じて行動する」「地域との結びつきを生み出す」というポジティブなものも、地域包括ケアシステムのメニューに加えていく必要があるであろう。

また、「全世代型の地域包括ケアシステム」を考える時には、当然、疾患を抱える現役世代も対象になるが、「就労できる環境」がなければ生活を成り立たせることができないという至極当たり前な点を考えると、地域包括ケアシステムの中に、こうした「働く」といったメニューを加えていかねばならないという結論に自然となるだろう。

人（特に日本人）は、仕事を通して、多くのコミュニケーションの関係を築いていく。仕事を通した社会との関係によって、自らのコミュニティや暮らしの中の立ち位置を構成していくと言っても過言ではない。

このため、仕事があれば仕事を続けるし、仕事を辞めていても、とにかく自立し、家族や周りの人たちに可能な限り役に立つ存在であろうとするのが人の常である。

しかし、今の地域包括ケアシステムの中では、支援が必要な状態になったとたんに、その人の全てが「支えられる側」に位置付けられ、社会との接点も「支えられるメニュー」を通してだけになる。この状態は、その人の社会での位置付けを不明瞭なものとしてしまう。

地域包括ケアシステムをより良いものにすることを考えた場合には、人がいつまでも活躍できる環境を作り出す（企業の中で高齢者や課題を抱えた人でも働くことができるようにしていくこと、地域活動の中で働いたり社会参加をして地域課題が解決されていくこと、介護サービスの中に「働くこと」もメニュー化していくこと、などが考えられる）ことが必要になってくると考える。

繰り返しになるが、筆者は、高齢社会を見据えて必要とされた「地域包括ケアシステム」をそのままで進めるのではなく、基本的な考え方は堅持しつつ、人々のニーズにより一層応えることを可能とするために「全世代型の地域包括ケアシステム」というものに発展・深化させ、その中で必要とされる中身（サービスなど）について見直すことが必要になると考えるのである。

（3）人口減少下で必要とされる深化版地域包括ケアシステム

「暮らし」「住まい」「仕事」の3つの環境

ここまで、価値観が多様化した社会における（深化させた）地域包括ケアシステムの必要性を書いてきたが、同様に筆者は、（深化させた）地域包括ケアシステムは「今後の人口減少社会を考えた時にも必要」とも考えている。この点を、以下、考えていきたい。

人口減少社会を克服する取り組みとしては、国全体では「子どもの数を増やすこと」、地域単位では「人口過剰の地域から人口の少ない地域に人の移動を促すこと」が考えられる。

このいずれも、実現しようとすると、「子育てがしやすい環境」であったり、いかなる状況でも「仕事をして所得を得られる環境」であったりという、「暮らしやすいまち」をいかに作っていくかが議論されることになる。

この「暮らしやすいまち」というのは、人の一日の生活（衣食住）を分解すれば、

・働くことができること。

・子育て、介護、疾病の治療といった、何かあった時に支援を受けやすいこと。

・住宅が確保しやすいこと。

の3つに重きを置いた対策が取られているまちと考えられる。

重点の重い軽いの差こそあるだろうが、この3つの環境が揃ったまちこそが、人々が暮らしたいまちであることに誰も異論はないであろう。

そして、この3つの環境が揃ったまち、それこそが、先に記した「全世代型の地域包括ケアシステム」が実現された後の姿である（何度も述べているように、地域包括ケアシステムはそもそも、住宅や医療、介護、予防、生活支援といったサービスが包括的に提供されるも

のであり、また筆者は先にも書いたとおり、そこに「仕事」を加えていくものを「全世代型の地域包括ケアシステム」としている）。よって、人口減少社会において目指すべき施策は「全世代型の地域包括ケアシステム」になると考えられるだろう。

「健康な現役層」だけでは社会が成り立たない

一方で、こうした「暮らし」と「住まい」と「働く環境」の3つについて意識を払うことなく時間が経過し、人口減少が進むと、いわゆる「現役層」の世代だけで地域の産業や商業を成り立たせることは不可能になっていく。つまり、高齢者や障害者はもちろん、様々な状況に陥っている人でも、地域の産業や商業を成り立たせる「力」になってもらわなければ、地域自体（ひいては国自体）が存続できなくなることは容易に予想できる。

このことは、すでに一部の地域では現実として起こりつつある。

「人口減少社会」がもたらす将来像として、散々指摘されてきた課題であるので、目新しいことではないが、筆者が言いたいことは、こうした人口減少社会の行きつく先の課題に対応するという観点からも、実は「全世代型の地域包括ケアシステム」の構築が有効になるということである。

つまり、人口が減った時、日本は「若くて元気でフルに働ける人でなければ……」などと言っている余裕はなく、色々な課題を持っている人にも労働力として活躍してもらうことが必要になる。そのためには、医療的・福祉的な支援を受けつつも、働き、住む場所をしっかりと見つけられる、という環境が整わなければ、日本の生産性は、否応なしに「労働力減」の影響を受けることになってしまうということである。

非常に興味深いことに、人口減少社会が到来する中では、

・「先」に、わがまちを、魅力ある誰もが住みたいと思うまちにしようと考えて、人の移動を防ごう、または人が移動してくるまちにしようと考えた時にも、

・「後」に、現役層が減った中で、何とか生産性の減少を食い止めたいと考えた時にも、

いずれの時でも、「全世代型の地域包括ケアシステム」は必要になるのである。

医療・介護・福祉分野の人材がいなくなる

ただ、こうして「全世代型の地域包括ケアシステム」の必要性を主張する一方で、平成19年頃からは、医療・介護分野の人材不足が指摘されている。この指摘については、人口減少社会という視点が加わると、より一層厳しいものとして考えなければならない。

今まで、医療・介護人材の議論をする際、他の産業の労働力人口の動向は横に置いて、２０２５年までに数百万人の介護人材が必要だ、ということだけが、いたるところで主張されていた。しかし、今後の生産年齢人口が減少をたどる中では、医療・介護の分野以外の、製造業や卸売業、小売業といった他業種の労働力不足への対策も求められる。

経済効果などを勘案した場合、そもそも本当に、医療・介護人材を、必要とされる規模まで確保することができるのか、そして本当に、医療・介護分野に人材を集中することが適当なのか、ということについて考えなければならない。

人口減少社会において、「全世代型の地域包括ケアシステム」が必要と言いながら、地域包括ケアシステムの担い手である医療・介護・福祉分野の人材がいない中で、今後、どのようにこのシステムを作るのか、というところは、シビアに議論していかなければならない。

（4）「全世代型の地域包括ケアシステム」を作るためには

制度ごとにシミュレートしてみる

「全世代型の地域包括ケアシステム」の構築にあたっての課題意識を共有するために、まず、制度ごとに地域包括ケアシステムを律儀に作り動かしていくことをシミュレートし、各地域の現状を踏まえて、「それが容易に完成するのかどうか」と、仮に完成した場合に、果たして「この仕組みは真に国民ニーズに沿ったものになるのか」について考えてみたい。

制度ごとに地域包括ケアシステムを作り動かすシミュレーションについては、退院時の病院の地域連携室などの動きを想像するとイメージしやすい。

在宅での生活をスタートさせるためには、医療や何らかの課題への対応が必要とされた場合、関係者を呼んで、患者の生活環境を確認し、退院後の生活のあり方と、必要なサービスを考えていく行程が必要になる。第1章で紹介した、柏市や岡山市での事例を思い出していただければ、よりはっきりイメージできるだろう。

そして、その関係者としては、入院前から関わっている、または退院後に必要とされる支援メニューが、介護保険制度の話なら、ケアマネジャーまたは地域包括支援センターが、障害者総合支援制度の話なら、相談支援専門員が、子ども・子育て支援新制度の話なら、子育て世代包括支援センターか保健所・保健センターが介在して、病院の地域連携室などと調整していくことになる。

具体的には、これらの機関が病院の地域連携室などから連絡を受けて、対象となる患者の生活環境のアセスメントをし、その情報を病院の地域連携室などにいる看護師かＭＳＷ（メディカル・ソーシャル・ワーカー）に渡す。その後、地域連携室などが診療所の医師など（自治体で在宅医療との連携を支援する機関を設置していればその機関も含まれる）と相談して、在宅での生活と、そのために必要な各制度下の支援メニューなどを考えていく流れとなる。

各地域で本当に完成できるものなのか

そこで、こうした流れが各地域で可能なのかどうかについて考えてみる。

今、地方の現状を見ると、この各制度による「全世代型の地域包括ケアシステム」の流れの構築とその維持は、すでにハードルが非常に高いものであることがわかる。

どういうことかというと、（介護分野での地域包括ケアシステムの構築の進捗《しんちょく》が芳しくないため、他分野での構築はさらに困難という話もあるが、それは少し横に置いたとして）このシステムを現実的になんとか構築まではできたとしても、今後10年、20年を考えた時に持続可能性として困難なのではないかということである。

たとえば、筆者が出向した岡山市は、全国トップクラスの医療・介護資源があり、障害者支援についても全国に名を響かせる歴史ある社会福祉法人があり、とにかく医療・介護・福祉の資源が充実している自治体であるが、全国の傾向には逆らえず、障害者総合支援制度の相談支援専門員は不足し、保健所の保健師も確保に苦しんでいる。

岡山市の場合は、まだ地域としてのポテンシャル（資源の多さ）があるため、業務の効率化を図り、地元の医療福祉人材を育成する大学などと人材の育成を試み、様々な手を尽くそうという話ができなくはないが、それであっても、福祉人材の学校の倍率や有効求人倍率などを見ると、持続可能性については厳しいとしか言いようがない。

そして、そもそも、果たして岡山のような、まだなんとか工夫を凝らして実現を試みることができる幸運な地域は日本にどれほどあるのだろうか。

こうした、持続可能性を含めた制度構築の可能性に加えて、じつは、もう1つの懸念点がある。仮になんとか形作ることができたとしても、制度ごとによって専門家が明確に位置付けられている中では、制度の対象になる範囲も、専門家が動くことができる範囲も、どうしても限定したものにならざるを得ないということである。

このため、

・どこまで柔軟に対応できるのか。また、

・2つ以上の制度を利用する場合には、どうやって調整を実現していくのか。

ということが問われるようになる。果たして、制度に則って多くの関係者がいる中で、「全世代型の地域包括ケアシステム」が、その利益を享受する人々にとって最大限効果を発揮することがどこまでできるのか、ということである。

2つの課題――専門家不足、複合・困難事例への対応

以上のように、シミュレーションしながら考察を進めると、制度ごとに地域包括ケアシステムを作り出し、それを運営・維持していくことは2つの課題を抱えることがわかる。

1つは、人口が減っていく時代背景を踏まえると、制度ごとに必要な専門家を育成し続けることは限界があり、「全世代型の地域包括ケアシステム」の構築が困難になる可能性があるということである。

そして、もう1つは、各制度の範囲でカバーされる人は、しっかりと各制度の支援を受け

られるが、それでカバーし尽くせない人や、複合課題（いわゆるダブルケアや８０５０問題（80代の親の暮らす家に50代の引きこもりの子どもがいるという問題）など）を抱える人は、支援を受けきることができない、または制度間での調整に手間を要して、結局は支援による最大効用は実現されない可能性がある、ということである。

もう少し踏み込んで言えば、今の制度の下で、「全世代型の地域包括ケアシステム」を展開していくことは不可能ではないが、多分に医療・介護・福祉の人々の獅子《しし》奮迅《ふんじん》の働きに依るところとなり、持続可能性はほぼないであろう。また、制度の対象から外れるがゆえに対応しきれない人や、複合的に課題を抱えて複数制度での支援が必要になり、調整コストが甚大にかかる人（最大効用を得ることができない人）も存在し、多様な価値観の下で生活の質を追求するということを制限することとなる。

つまり、苦労して作り上げたとしても、必ずしも国民の満足度が高いものになるとは限らないため、相当の運用上の工夫を図っていかなければならないということである。

縦割りから統合（丸ごと）へ――「地域共生社会」という構想

以上の考察で、「全世代型の地域包括ケアシステム」の実現は、多くの難題を抱えるということは明らかかと思うが、それを踏まえた上で、厚生労働省は、人口減少という大きな流れの中で、今の制度の質の向上を図り（つまり「全世代型の地域包括ケアシステム」の実現）、その持続可能性を高めていく考え方（改革の基本コンセプト）として、「**地域共生社会**」を掲げている。

この厚生労働省が新たに打ち出した地域共生社会を、福祉の充実策として受け止める向きもあるが、それは一面に過ぎない。

地域共生社会は、あくまで、人口が減っていく中で、各保健医療・福祉分野の「統合」による効率化を模索しつつ、しかし支援の質を落とさずに、時代のニーズに応じることができる体制として、総合相談や地域共生サービスの創設、そして地域活動の活性化を目指し、「全世代型の地域包括ケアシステム」の実現を試みるものとして受け止めることが望ましい。

（5）「全世代型の地域包括ケアシステム」につながる地域共生社会とは

2つの課題から生まれたチャレンジ

厚生労働省は、昨今、「全世代型の地域包括ケアシステム」の構築のために、各制度において、地域包括ケアシステムの構築を進める動き（精神障害者の地域包括ケアシステムの構築など）を開始している。そして、これと並行して進めるべき施策として**地域共生社会の実現**（総合相談、地域力の強化など）というチャレンジを進めている。

地域共生社会とは、（先にも書いているが）暮らしている以上は様々な課題を抱えることに直面する中で、複数の支援制度を円滑に利用できる環境にするとともに、課題があって当たり前という考え方に立つとすれば、「支える」「支えられる」という考え方ではない中で、行政による支援を当たり前とはせず、共に暮らしていくために必要な仕組みを自ら（特に地域の力で）作り出していこうとするものである。

日本の医療・福祉の諸制度は、病気の人には医療を、介護が必要な人には介護を、障害を抱えた人には障害者支援を、困窮している人には自立支援をといったように、課題を抱える対象者別に制度を創設してきた。これは、それぞれの対象者に確実に専門的支援を行き渡らせており、個々に一定の効果を発揮してきた。

しかし、逆に、次の2つの課題を抱えることにもなっている。

1つ目の課題は、制度は法律で位置付けるがゆえに、あくまで制度の「対象者」を定義しなければならず、その「定義」に当てはまらない人は支援を受けることができない、また、支援する側もその「定義」に当てはまるかどうかを確認して支援を行うことになるという課題（制度間の壁がもたらす課題）である。

そしてもう1つの課題は、制度ごとにサービスを創設して、そのサービスにも構造上の基準を定めて定義付けするがゆえに、制度ごとに必要な人員要件と、その人員の資格要件を定めており、そのために、各制度間で人員の取り合いをしているという課題である。

地域共生社会は、この2つの課題（まさに156ページに記した「全世代型の地域包括ケアシステム」を作るにあたっての課題）が問題意識となって、検討することになった考え方である。それでは、以下、それぞれについて詳述したいと思う。

1．制度間の壁がもたらす課題への対応

まず、制度間の壁がもたらす課題に対しては、どういう解決策があるか考えてみたい。

この「制度間の壁」という課題は、2つの問題を生む。1つ目の問題は、「定義」に当て

はまらなければ支援の対象外になり、「定義」に当てはまる状況になることを未然に防ぐことも難しくするという問題である。

２つ目の問題は、制度ごとには最大効用を目指した支援内容を考えることはできるが、他制度の支援メニューも含めて支援の効果を最大限発揮できるようにするには、他制度の支援メニューを大まかにでも把握していることに加え、他制度由来の課題に目を向ける視点と、他制度の機関と多くの調整を行うことが必要になるという問題である（個々の制度由来の課題への対応でさえ、多くの関係者との協議が必要であることに加えて、さらに多くの関係者との調整コストが生じることを指す）。

このうち、まず、支援対象に厳密に当てはまらない対象者に対してどうアプローチするかを考えてみたい。

①支援対象に当てはまらない人への対応

対象になる前から細い糸でつながっておく

考える上でのポイントとしては、「制度の対象に当てはまらない」ことを理由として全く何もしないのではなく、制度の対象になる前の段階で、しっかりと状態を把握して、早期にチェックしておく、または、早期にチェックできなくとも、機会のあった段階でしっかりとチェックしておく、その事前チェックにより、リスクが高くなった時に、深刻な状況になる前に介入できるようにしておく、ということがある。

具体的には、

・支援対象になる前に、何かをきっかけとして支援サイドが状態を確認しておく（関係をゼロではない状況にしておく。イメージとして「細い糸でつながっておく」という状況）。そして、

・リスクを抱える状態になっていくに従って、支援サイドが積極的に関与して、制度対象になった際には、しっかりと制度に裏付けられた支援メニューを提供する（イメージとして、この時点では「縄でつながっている」状況）。

という状態が、福祉制度の観点では最も理想的である。

対象者になる「可能性のある人」への仕組みの構築

もう少しわかりやすくするため、例示として高齢者への支援で説明してみたい。

人は歳を取るにつれて衰弱していく。その大前提に立って、高齢者に対して、衰弱していくことを「予防」しつつ、衰弱の状況に従って、介護保険制度の支援メニューとのつながりの濃度を濃くしていく、というイメージである。

介護保険制度には、すでにその考え方が入り込んでおり、「要支援者」という「要介護者」よりも状態が良い人を支援対象者の定義に加え、さらに、こうした要支援・要介護者という、明確に制度に位置付けられた対象者以外の高齢者を対象にした財政措置（各自治体が独自に取り組むことを促す地域支援事業の中の「一般介護予防事業」）がある。

このように、メインとなる対象者よりも広い「対象者になる可能性のある人」まで支援できる仕組みは構築されている。

介護保険制度以外でも、たとえば、子どもの健全育成や、安心できる子育て環境を提供するために、子ども・子育て支援新制度の法に則った給付や現物の支援メニューではないが、制度に基づく各自治体の支援策で、保健師などの専門家がリスク要因があったり悩みを抱えていたりする妊婦に出産前からアプローチして支援のきっかけを作る動きもある。

ただ、こうした支援対象に厳密に当てはまらない人に対するアプローチが制度としてあるものの、「こうしたツールがある（存在している）」という次元にとどまっており、「そのツールを積極的に活用していく」というところまでには至っていないというのが現状である。制度を運用している立場としては、人材面や予算面に限りがある中では、どうしても、支援対象の方に対して体重をかけて取り組むことが求められ、厳密には当てはまらない人にまで支援を行き渡らせることを徹底していくことは難しい。

つまり、支援対象に厳密に当てはまらない人へのアプローチは、様々な制度で厳密に「しなければいけないこと」として定めて給付制度などと結びつけてはいないものの、支援の仕組みは存在し（支援することを否定はしていない）、細い糸でつながれるようにはなっているため、あとは、果たしてどこまで実効性のあるものにできるのかが問われている。

早期に把握するための具体策

それでは、支援対象に当てはまらない人のリスクを早期に把握するという点については、どういう具体策があるのか、記していきたい。

まず１つ目としては、なかなか実現にはハードルが高いが（これからのビッグデータの活用が進んだ時代であればこのハードルは低くなっていくと思われるが）、**行政などによる全**

数調査であろう。

埼玉県和光市では、介護保険分野で全数調査による早期介入を実現して、要介護認定率を下げ止めるという結果を導き出しており、可能であるならば、その実現が最も理想的である（岡山市ではチャレンジを試みたが、結果として庁内理解を得ることができなかった）。

次に考えられる２つ目の取り組みとしては、「**あらゆる機会をきっかけにして状況把握に動く**」ことが考えられるが、その「あらゆる機会」の１つを「各制度の相談機関が相談を受けたタイミング」として、それを機にその相談者の世帯の課題をアセスメントすることが考えられる。

たとえば、地域包括支援センターに高齢者から相談があった際、相談者の相談内容自体は介護保険の相談かもしれないが、この相談をきっかけとして、この高齢者の世帯が８０５０問題につながるリスクを抱えていないか、などを確認するということである。

制度ごとに設置された専門的な相談機関で、他分野のリスク要因まで確認することは、なかなか容易なことではないが、世帯のアセスメントの中で、どういった状況の世帯なのかを少し踏み込んで確認してから、他の専門機関につないでいくことは、現実的な方策として可能なのではないかと考えられる。一歩だけで良いので、専門領域から前後左右に踏み出すという対応である。

ただ、この話をすると、「定義に当てはまる対象者への支援だけでも専門職は大変であるのに、それ以上にリスクになる前の人や他分野のリスクも把握して気にかけておけと言うのか」とおしかりを受けそうであるが、筆者は、このいわゆる「支援の細い糸でつながること」を、全て専門職で行うべきとは考えていないし、それが現実的であるとは思わない。

もちろん、専門職には、その効果を期待する方々もいるので、力を発揮するチャレンジはしていただきたいが、その一方で、行政や専門職が介入して「支援の細い糸でつながる」こと自体を拒絶する人も一定数存在している。こうしたことも踏まえ、すべからく専門職で、ということはなかなか難しいことだと思っている。

支援の「アンテナ」としての場を育む

そこで、3つ目の取り組みが考えられる。

どういう取り組みかと言えば、制度の定義に当てはまらない人には、行政や専門職からのアプローチだけではなく、可能な限り自然な形（日々暮らす地域の中など）で「支援の細い糸」とつながる機会を作るということである。実のところ、こうした動きが重要であるとして、地域共生社会の考え方には「地域力の強化」が柱として掲げられている。

具体的なものとしては、大阪府豊中市の社会福祉協議会が地域とともに作っているような「拠点」と言われる場も考えられるし、地域の自発的な取り組みとして実現されている「子ども食堂」（筆者が出向していた岡山市では、行政にかなりの不信感を持つ家庭が、子ども食堂を通して行政と「細く」つながることができた）なども考えられる。

つまり、「支援の細い糸」を可能な限りつなげていく方策の1つとして、行政や専門職が前面には出ずに、地域のプレイヤー（地域住民や企業など）が、日々の日常生活の中で自然な「場所」を作り出し、それがいわゆる支援の「アンテナ」として存在している、という環境を作り出すことが考えられるのである。そして、こうした「アンテナ」として存在している「場所」と、そこで得られる情報については、行政と専門職が地域としっかりと共有していくことが望ましい。

この「アンテナ」として機能する地域の力をしっかりと育んでいけるよう、たとえば介護保険制度の中では、生活支援体制整備事業などがすでにあるが、その生活支援体制整備事業の現状も踏まえつつ、どのような施策が今後必要になるのか、どういうスキームがあれば地域活動を活性化することができるのかを考えていく必要があるであろう。この点、次章の岡山市の取り組みで触れたい。

②他制度を含めた支援の効果最大化

課題をしっかりと把握する

次に、制度間の壁がもたらす課題のうち、他制度を含めた支援の効果を、いかに最大限発揮できるようにするかについて考えてみたい。

まず、他制度も含めた支援の効果の最大化をするためには、

・支援が必要となる課題を、他制度も含めてしっかりと把握する。

・その把握した課題に則って、世帯における支援メニューの最大効用を議論する。

の２つが必要であろう。

以下、１つずつ、具体化して説明していきたい。

１つ目の、「支援が必要となる課題を、他制度の支援メニューまで踏まえ全て把握すべき」

というのは、一見、まるで新たにワンストップの福祉相談窓口を作るようにも聞こえ、今までの、対象者別に発展してきた福祉制度を否定しているようにも聞こえるだろう。

しかし筆者は、１つの専門機関が他制度の支援メニューを知り、そこだけが全ての課題を把握して対応策を練る（究極のワンストップ福祉サービス）ことを考えているのではない。これでは、（将来の人口減少の進行後には、１つの選択肢として考え得るようになるだろうが）各分野の専門家が「専門領域」を相互に踏み越え合うという事象が起こるだけではなく、誰が何の専門的知識に則って対応しているのかを、逆に曖昧なものにしてしまう可能性もあることから、各分野の専門性を土台とした対応をしている現段階では、時期尚早な案と言えると考えている。

しかしながら、前の項の「リスク把握」の２つ目の具体策で示唆したとおり、地域包括支援センターが介護保険制度の相談「だけ」をして相談者を帰してしまうのではなく、その相談者の世帯をアセスメントし、世帯が抱える課題の芽（場合によっては「芽」ではなく、すでに一定の課題になっていることもあるだろうが）を他制度の相談機関につなげていく、ということはできるのではないだろうか。

たとえば、介護保険に関するアセスメントを進める中で、そこに重心を置きつつ、他の世帯構成員や同居人の状況について簡単にアセスメントをし、また、可能であれば訪問調査をする中で、他の世帯構成員などについても確認していくなどし、その結果を、他の制度下にある専門相談機関につなげていくということが考えられる。

これにより、専門職や行政と住民との接点が、制度ごとに見ると1対1しかなかったのが、1対複数（少なくとも介護、障害、子育て、困窮と4つある）になるので、支援が必要なのにSOSが出せないという事案などにも、今よりは対応することができ、把握が進むのではないだろうか。

他制度による支援との間で、より良い状態に調整する

次に、2つ目の、世帯における支援メニューの最大効用の実現についてである。この問題意識としては、たとえば、ダブルケアの世帯への支援を考えた時にイメージがしやすい。

ダブルケアの世帯に対しては、現状では、ケアマネジャーは、介護の必要度から十分なサービス量を考え、子育て世代包括支援センターや市町村は、保育園などの子育てサービスを子育ての必要度からサービス量を考え、というように、それぞれの機関がそれぞれの制度で効用を最大化しようとする。

しかし、ここで、そもそも、そのダブルケアを必要とする世帯の所得状況を見た時に、介護と子育てとの支援メニューを、それぞれどこまで使うことが望ましいのか、また、細かいところではあるが、介護のデイサービスから帰って来る時間と、子どもが保育園などから帰って来る時間が調整されているか、など、他制度の支援メニューについて協議を重ねながら、本当に良い具合の生活を実現する必要がある。

果たして現状で、そこまでのきめ細かな調整ができているかといえば、難しいだろう。

このため筆者は、先ほども書いたように、1つの専門の相談機関が相談を受けたタイミングなどを捉えて、課題のアセスメントをして、他の制度の相談機関を巻き込む仕組みを前提とし、各制度下の相談機関が他制度のことにも頭の中に思いを馳《は》せ、相談者の世帯として最も良い状態を作り出すための機会を作り出す必要があると考えている。

以上のように、「全世代型の地域包括ケアシステム」として、制度によって分断される支援を統合して、国民に効率的に提供する、そしてそれによって効果の最大化を成し遂げる、それが地域共生社会が目指している狙いの1つである。

2．制度間で人員の取り合いをしている課題への対応

制度ごとにサービスを定義付けることによる2つの問題

さて、それでは、対象者別に制度創設をしてきたことによる課題の2つ目、「制度ごとにサービスを創設して、そのサービスにも構造上の基準を定めて定義付けするがゆえに、制度ごとに必要な人員要件と、その人員の資格要件を定めており、そのために、各制度間で人員の取り合いをしている」ことについて説明したい。これが、地域共生社会が考えられるに至ったもう1つの課題である。

社会保障の制度は、介護保険制度や医療保険制度のように、サービスを位置付けて保険料などを財源に各サービスに給付していく仕組みや、子ども・子育て支援新制度のように、サービスを位置付けてその運営を公費により行う仕組みなどがある。どちらも、法律などで支援メニューを作り、それを社会福祉法人や株式会社などが運営する仕組みにする以上は、どうしても、各メニューの内容（支援方法の内容）を決め、そして、その内容を実現するために必要な要素（施設の基準や人員配置など）を決める、という形になる。

これは、いい加減な体制によっていい加減に行われるサービスに公費を投入することは適切ではなく、そうしたサービスは可能な限り排除しよう、という考え方に依っており、基準を決めて「いい加減ではないもの」と「いい加減なもの」との線引きをする仕組みである。

ただ、この考え方は、どこまで的を射ているのだろうか。筆者は２つ課題があると考える。

外形的な要件に重点を置くことによるサービスの限界

１つ目の課題は、資格要件や、人員配置の基準、施設の基準を満たしていても、良いサービスだと利用者が受け止めるところもあれば、そうではないと感じるところもあることは否定できないという点である。

誤解を恐れずに極論を言えば、外形的な要件だけでは本当に良いものかどうかわからないということである（外形的な要件を整えていれば、良いものが提供される蓋然性《がいぜんせい》は高いが）。

たとえば、お世話型の介護サービスでは、利用を続けた場合に悪化を促してしまう事例も一定程度存在する。自立を目指す介護保険制度下にあって、介護サービスを利用しながら状態の悪化が進んでいく場合、果たしてそれは、本当に「良いサービス」と言うことができるのであろうか（こうした議論を受けて、状態改善を促す仕組みの議論が起きている）。

また、どうしても「支える」という視点でケアがされるため、一部の利用者は、自らの存在意義に疑問を持ち、サービス利用はもとより、暮らすこと自体にネガティブになる事例もある（こうした事例を踏まえ、就労や社会参加を促す介護事業所が所々で開始している）。

筆者は、基準を満たしている事業者や、人員配置を手厚くしている事業者を批判しているのではない。ただ、価値観が多様になる中で、行政の考え方として外形的な要件のみに重点を置いたサービスを展開し、それを満たしているから良しとするスタンスは、国民のニーズに最適なものを提供するという点からは、限界が近いのではないかと言いたいのだ。

ただでさえ人口が減っていく中で、苦労して医療・介護・福祉人材を確保し、サービスを構成していったとしても、利用者のニーズからかけ離れているようでは、確保した人材の効果を最大限発揮しているとは言いがたい。つまり、外形的な基準を事細かく決めて、それを遵守《じゅんしゅ》することに重点を置くのではなく、サービスの質に関する指標などを定め、それを満たしているか否かが最重要であるような仕組みにしていくことが必要であろう。

各サービスで人を取り合っている現状

もう1つの課題は、各制度において形作られるサービスは似通《にかよ》ったものが多いという点だ。

たとえば、各制度で相談支援のサービスを必要と言っているし、障害の制度でも介護の制度でも、訪問系、通所系、施設系のサービスがそれぞれある。そして、各サービスで、同じ資格取得者を人員要件にするなど、結果として、福祉の世界で人を取り合っている。

誤解を恐れずに言えば、各制度のサービスで人手不足を声高に主張しているが、じつはそれは、対象者別に制度を作ってきたから引き起こされている面もあるのではないだろうか。

制度によって対象者は大きく異なるため、確かに各分野での専門性は非常に大切ではあるが、だからと言って、分野ごとのサービスで一つ一つ基準を当てはめすぎて、結局必要なサービスが作られなくなるということは、本末転倒ということになるのではないだろうか。

共生型サービス――制度をまたいで一体的に人や施設を活用する

そこで、地域共生社会では、「共生型サービス」として、各制度のサービスを一体的に作ることにチャレンジし、実際には、平成30年度の介護報酬改定で第一歩目が踏み出された（今後、現場で課題が浮かび上がり、より良いものへと見直されることが期待される）。

このチャレンジの効果は、

・制度をまたいだ人員の効率的な活用の可能性があること。

・短期間で必要とされるサービスの対象層が、人口構造の変遷に伴い、長期的には違う対象層になっているかもしれないことに対する、ハードの設備のリスクヘッジを容易にすること（今は子育て支援ニーズが高いが、一定期間経過後には高齢者支援ニーズの高まりに変わるなど）。

である。様々な状態像の人が一緒にいることによる支援内容のレベルアップという効果も確かに存在するが、国全体で人が減っていくということへの対応という意味では、筆者はこの2つの効果を期待したい。

人口減少という課題に対して、こうしたチャレンジが国で行われる中で、各自治体でも、自らの地域の支援ニーズの移り変わりを、制度ごとではなく制度横断的に捉え、それに則った効率的な支援サービスの構築を追求していくことが必要になると考えられる。

3．地域共生社会で求められる「さらなる高み」

医療・介護・福祉分野の人材を活かす資格のあり方

ここまで、日本の制度が抱える大きな課題に対する切り口から、地域共生社会の考え方を説明してきた。ここでは、そこには入りきらないが、地域共生社会の検討がされる中で議論され、要素として筆者が極めて大切と考える２つの視点について紹介したい。

先ほどから、各制度によって法律で基準を定め、制度ごとにサービスを運営しなければならないように縛《しば》りがかけられているため、限られた医療・介護・福祉の人材を効率的に配置して使うことを妨げているということに筆者は問題提起をしている。

こうした「配置」という視点に加え、地域共生社会の議論では、各専門職の資格要件の見直しについても、言及している。一度、医療・介護・福祉の世界で資格を取った人を、他の業界の仕事に従事させてしまうのではなく、医療・介護・福祉の世界で転職を容易にさせるための仕組みづくりである。

特に、福祉の世界は離職率が高い。人と人のコミュニケーションが中心となる業界だから、「対人関係」で悩んだ場合には、離職ということを選択してしまうケースが後を絶たない。

しかし、たとえば、保育士が母親とのコミュニケーションで疲れ果ててしまった場合などに、再び保育現場で働くことは難しいであろうが、「人を支える仕事をしたい」という考えを持つ才能（福祉のマインドは全ての人が持てる才能ではないと筆者は考えている）があるのだから、介護現場や医療現場で働くことができるようにすれば、貴重な福祉人材が他の業界に流出してしまうことを避けることができるのではないか、と考える。人口減少下での資格取得要件や手続きを含め、資格のあり方も考えていかなければならないだろう。

福祉と医療、福祉と就労を絡めていく

さらに、地域共生社会を「全世代型の地域包括ケアシステム」のための施策として考えた時、ただ「福祉の世界」での議論にとどめることは、この施策の効果を半分以下にしてしまうのではないかと筆者は考える。特に、福祉と「医療」、そして福祉と「就労」との絡みを意識して、議論をしていかなければならないと常々思っている。

まず、医療との絡みについてである。地域共生社会の目指すところは、「全世代型の地域包括ケアシステム」であるが、これは「全世代型」という冠はつけども、地域包括ケアシステムなのであるから、当然、医療との接合があってしかるべきである。特に「退院する」ということについては、転院や施設への入所であったとしても、その人に必要な医療提供のあり方とセットで、認識された福祉的課題をどう解決に導くかを考えて、次のサービスにつなげなければならない（所得の問題などは支払いにも直結するので、関わる医療機関などのサ

ービス提供者としても、よりシリアスに解決しなければならない課題になるだろう）。そうした部分で、医療と介護の連動にとどまらず、医療と福祉との連動について、議論を重ねていく必要がある（筆者が出向した岡山市では、医療現場の声から取り組みの検討を開始しており、次章の記載を参照いただければと思う）。

次に、筆者の強い思いとしては、「働くこと」との絡みについてである（この場合の「働くこと」とは、正規職員・非正規職員への就労というものもあるが、この他、（雇用契約の有無にかかわらず）様々な形で働いていくことを含めたものである）。

「全世代型の地域包括ケアシステム」のところでも記載したが、生きがいを感じて暮らすことを可能にする非常に大切な要素として、「働くこと」がある。繰り返して主張するが、「働くこと」は、仕事を通して人と自然な形でコミュニケーションを取ることができるものであり、そのコミュニケーションを通して、働く環境下でその世界での自らの立ち位置を作ることができるという、人が生きていく上で非常に大切な要素である（所得を得るという意味で大切ということもあるが、人や社会との接合においても非常に大切な要素である）。

わかりやすく言えば、定年前のお父さんは、会社という組織の中で仕事があり、それを果たす中で、様々な人たち（上司や部下、取引先の人など）と関係を築いていき、その関係の中で、自らの居場所を作り出す。しかし、定年になって仕事を辞めると、とたんに、その関係がなくなり、結果、自らの居場所がなくなる。

地域デビューもあるではないかと思うかもしれないが、「仕事」はコミュニケーションを自然と促してくれる（会話のためにネタをひねり出す必要がない）便利なツールであるが、地域デビューは、そのコミュニケーションのためのツールやきっかけが必要になる。多くの人（特に男性）は、それがないことにより、地域デビューが難しくなるのである。

その結果、社会との接合ができず（家にずっといて）、また、自らの社会での立ち位置も失う（生きがいが感じられなくなる）ということになる。そして、これが一定期間続いた時、深刻な社会からの孤立という課題になっていくのである。

じつのところ、これは何も、高齢者に限った話ではなく、何らかの課題を抱えて仕事から離れた人が、一定の高確率で抱える課題である（豊中市では、引きこもり支援の中で、就労に結びつける支援に積極的に取り組み、生活困窮者施策のパイオニア的な自治体になっている）。こうした時に、地域共生社会の中で、課題を抱えていた場合、いち早くその課題を察知し、様々な支援に結びつけるという過程で、課題を抱えていても働くことができる仕組みというものにつなげていくことができるのであれば、社会からの孤立という大きな課題に対する１つの解決方策にもなると考えられる。

こうした誰でも働くことができるようにしていく動きは、障害者施策の就労支援や生活困窮施策の取り組みを活用していくことが考えられるが、やはりここでも、160ページに書いた制度間の壁が存在する。また、「ハローワーク」という労働施策との壁というものもある（この労働施策との壁は、自治体と労働局という行政主体の違いにより生まれるものでもあり、特に市町村が取り組みに着手する場合は、非常に高い壁になるであろう）。

「働くことに結びつける」ということは、社会とのつながりを作ることになり、福祉施策で重要視する孤立防止という意味でも大切なものである。個々の福祉分野ごとに制度を設けるのではなく、いかなる福祉的課題を抱えていても働くことにつながる仕掛けというものを、労働行政も含めて考えていく必要がある（岡山市においては課題を抱えた人に対して、働くことにチャレンジできる仕掛けの検討を開始している）。

人口減少社会において大切にすべきこと

これからの人口減少という課題を抱える時代、そして、価値観が多様なものとなり、国民

のニーズも多様なものになっていく時代にあっては、社会保障システムは、

・従来の「外形」を評価した仕組みや個々の制度の基準を遵守することのみに力を割くようなものではなくて、質について担保していくことを最重要視しつつ、

・制度を横断して（福祉だけ、医療だけ、ではなく、労働行政も含めて）柔軟に人と資源（予算）を使っていって効果を最大化すること、

を考えていくようなものにしていかなければ、いつまでも（人口減少社会の解決策である）「全世代型の地域包括ケアシステム」は実現しないであろう。

厚生労働省から示された地域共生社会は、そうした変革に向けた第一歩として受け止めていただき、今一度、将来的な社会保障のあり方（財源だけでなく、社会システムとしての社会保障とそれを実現する人材）について、様々な場面で議論されていくことを期待したい。

筆者は、地域共生社会を以上のように受け止め、こうした概念をどう現場で実現させていけばいいのかについて、出向した岡山市でチャレンジをしてきた。

この内容については、次のページから紹介していきたい。

第3章　地域共生社会はこうして出来上がる

地域共生社会は、先述しているとおり、「全世代型の地域包括ケアシステム」の実現につながっていくものであるが、福祉政策の運用上の具体的な課題にスポットを当てて検討を進めたため、福祉の色が非常に強い。

そのため、地域共生社会を打ち出した時には、福祉関係者や地域で活動している方々から、「まさに地域の現場で起こっている課題（複合課題を抱えている世帯への対応など）にようやく光が当たった」とか「我が意を得た思いである」という声をいただいた。

しかし、一方で、

・すでに福祉分野として専門性を追求する動きがある中で、「統合」が果たして実現するのだろうか。

・地域包括ケアシステムは医療と介護の連携を打ち出したものであり、後退しているのではないか。そうでないならば、医療との接合についても考える必要がある。

という厳しいご意見もいただいた。

筆者は、こうした中で、柏市に出向した時と同じように、「全世代型の地域包括ケアシステム」の実現（地域共生社会を形作ること）を（勝手に）使命として受け止め、2回目の地方自治体への出向（在宅医療のところで記載した岡山市への出向）をすることとなった。

幸運なことに、岡山市では、地域共生を推進するための計画を作成することを予定しており、庁内ではその議論の土台づくりとして、地域共生社会についての共有を図る会議を行うなどしていた。

それでは、岡山市での地域共生社会の実現に向けた取り組みについて、少し紹介していく。

（1）地域共生社会の作り方

まずは「総合相談」から

地域共生社会の議論を行政の中で行うには、「総合相談の実現」から始めることが、最も理解を促すことができる。

これは、保健センターなどの直営の相談機関があることに加え、民間の相談機関に委託していても、その委託費に関連して業務や体制について常に精査を重ねることから、行政としては福祉関連業務の中でも相談支援業務に最も関わりが濃くなっており、結果として、具体的なイメージを持ちやすいためである。

先行的に取り組んでいる自治体を確認すると、「総合相談」の手法としては、ワンストップ型の窓口を設置する自治体もあれば、窓口は１つにはせずに、ケア会議のような場で分野横断的にアセスメント結果に基づく医療・福祉サービスのコーディネートを行うところもあるなど、地域の相談体制に応じて多様であり、望ましい「型」というものは、まだ結論としては得られていない（筆者は前章でも述べたとおり、現時点では「ワンストップ窓口」は時期尚早と考えているが、どういう型が最も望ましいかは、岡山での取り組みの成果も見ながら検証が必要だと考えている）。

「圏域」をどうするか

さて、総合相談について具体的な議論を開始すると、まず必ず「相談機関の圏域」という課題が浮上し、いきなり高い壁にぶつかる。

どういうことかと言えば、相談機関は必要とする人の顔が見える距離で存在することが望ましく、その数的な規模を勘案しながら、１つの相談機関が担う地域の範囲を設定している。

そのため、福祉分野横断型の総合相談機関を考える時、どの分野の圏域に合わせるのが適当なのか、という議論になるのである。

障害者福祉の圏域と高齢者福祉の圏域と、２分野の圏域について考えただけでも、それぞれ異なる圏域であるから、「身近でなくなる」「数的な規模にそぐわない」など多くの意見が出て、収拾がつかない事態に陥る。

つまり、方向性としては厚生労働省の考えは理解できるものの、実際に手をつけるとなると、利用者のアクセスや需要と供給のバランス、そして人材のあり方などにも議論が及ぶため、結論を出すことが難しくなる。こうして大半の自治体では検討が道半ばになってしまう。

岡山市で地域共生社会の実現について検討を重ねた際も、他の自治体と同様に、圏域に関する議論が起きた。そして多くの関係者が、総合相談の必要性に懐疑的になり、議論が膠《こう》着《ちゃく》する様相を見せた。

こうした中、ちょうど在宅医療の検討の中で、医療現場が複合課題を持つ患者への対応に直面して苦慮しており、医療現場においても地域共生社会の仕組みの構築を必要としているという具体的なニーズを市の職員が把握したことから、現場での総合相談の必要性を共有することができた。これをきっかけに、あえて圏域に関する深い議論は避け、実際のユースケースから、どのようなシステムであれば総合相談を実現できるのかを考える方向に軌道修正することができた。

医療機関に対応を任せることの限界

この医療現場での地域共生社会（総合相談）の必要性は、実のところ、地域包括ケアシステムの流れの中で前から指摘されていることではあったが、医療機関の地域医療連携担当が孤軍奮闘して、なんとか対応してきたことであった（実際に、医療機関は患者と福祉を結びつける機会を多く有している。筆者が好むドラマ『コウノドリ』でも医療機関のソーシャルワーカーが産後の母親に福祉的支援をつなげる姿が描かれたりしている）。

少し説明すると、地域包括ケアシステムの構築の中で、医療と介護を一体として退院後の生活を考え、在宅への復帰を模索してきたが、その過程では、（第1章、第2章でも触れているが）介護も含め、医療と福祉（介護、障害、子育て、困窮）を一体として退院後の生活を考える、ということが必要になっているのである。

この際、医療機関は、

・患者とその家族の課題を洗い出し、

・それぞれの課題に対応する市の機関を見つけ出して、１つずつ連絡をし、
・それぞれの機関と情報のやりとりをしながら、退院後の生活を円滑にする体制を調整していく、

という手順を踏む。

在宅医療や通院医療が必要な場合は、もちろん、その機関との調整も入ってくる。関係者がとても多くなり、相当な困難を要するものであるし、スムーズに市の機関が引き取ってくれるのであればまだしも、「我々の管轄ではない」などというような対応も珍しくなく、こうなってしまうと、また一から市の機関を探さねばならなくなり、医療機関としては尋常ではない負担感に苛まれることとなる。結果として、退院後の生活の道筋の検討について、十分なものとはなりがたい状況を生んでしまう。

こうした点を踏まえると、地域共生社会（総合相談）の実現は、前章で記載した「人々の課題に対する最大効用の実現」などの効果のみならず、退院を円滑に進めて住み慣れた地域で暮らしていくという地域包括ケアシステムの実現にもつながるものと考えられる。

ハコモノからではなく、具体的な事例から考える

こうした経験に基づいて地域共生社会の議論の仕方を考えた時、各福祉分野の制度に則った相談支援を一体的に提供する機関を、圏域を考えてどう配置していくかという視点（ハコモノ行政的な視点）から総合相談を考えるのでは、行き詰まる。

そうではなく、現場の相談機関（医療機関を含む）や利用する方々に起きていること、たとえば、医療機関が患者が住み慣れた地域で暮らすことの実現を試みる中で、一体的に福祉的課題を解決する道筋をつける事例など、具体的なユースケースから議論することにより、総合相談を、実質的な相談サービスの質の向上の議論から考えることが適当であろう。

岡山市では、地域共生社会を「地域包括ケアシステムをより深化させていくもの」という位置付けにし、

・まずは、地域包括ケアシステムを具体的に機能させること（第1章で記載した取り組みを進めること）。
・その上で、医療機関や相談機関が頭を悩ます福祉的複合課題について、市と相談機関と医療機関とが協力して対応する体制を構築すること。

について検討を進めて、総合相談を実現することとした。具体的には、相談機関同士のつ

ながりの中で、総合相談を提供できるスキームを考えていくこととした。

（２）こうして出来上がる地域共生社会【岡山市の総合相談編】

１．基本的な考え方

それでは、具体的に岡山市で考えた「総合相談のスキーム」について、見ていきたい。

まず、すでに述べたとおり、それぞれの福祉制度の相談機関には、それぞれの専門性などとともに、圏域が設けられている。この圏域は、利用者のニーズとサービス圏から設定される圏域であり、各福祉制度の圏域を見直す議論をすると、何年あっても結論を得られないことは先ほど紹介したとおりである。

このため、ワンストップ窓口の設置ではなく、それぞれの専門性は活かしつつ、各相談機関同士がやりとりを重ねて、総合相談によって効果を発揮できるスキームを構築することを基本方針とした。

具体的には、

・アセスメントについて、各相談機関が連動して、横断的なものにすること。
・サービスについて、それぞれの課題に対する最大効用ではなく、世帯トータルでの最大効用を目指すよう、調整を図ること。

の2つを、総合相談を構成するスキームの柱としている。

この中で、岡山市では、地域共生社会を考える中で把握されたユースケースに則り、「医療機関とともに地域共生社会を進める」ことにも重点を置いた議論を行っている。

具体的には、

・福祉と医療ではどうしても使用する言葉が異なり、情報共有が難しいこと。
・医療機関が各福祉の機関に連絡し、管轄する相談機関を探し出した上で、調整を行わなければならないという相当な負担を解消すること。

という観点から、医療機関からの複合課題を抱える患者についての相談は、日頃から（在宅医療の議論を介して）医療機関と関係を構築し、医療機関の用語と福祉業界の用語との「翻訳」に精通している「地域ケア総合推進センター」が担う形としている。

2. 具体的な相談スキーム

それでは、以下、具体的なスキームについて説明をしたい。

岡山市では、様々な福祉制度下にある相談機関と「地域ケア総合推進センター」の連動した総合相談（各相談機関が連動し横断的に実施されるアセスメント、世帯トータルでの最大効用を目指すサービスの調整）を実現させるべく、以下の５つの取り組みを行うこととした。

①各相談機関の一覧を作成して、役割を見える化し、相談を断らないルールを作成。

②世帯全体が抱える課題について、相談機関をまたいだ一体的な把握を可能とするため「つなぐシート」を導入。

③主担当となる相談機関を決めるために、市が一定程度介入。

④相談機関同士の情報共有と、その上でのトータルなサービス提供プラン（世帯としての効用を最大化するための支援メニュー）を作るためのケース検討会を設置。

⑤困難なケースについて、解決に導くアドバイザー会議（複合課題解決アドバイザー会議）を設置。

以下、それぞれ、詳細に説明していく。

①各相談機関の役割の見える化

まず、各相談機関の一覧についてである。各制度に基づいて、とても多くの相談機関が市には設置されているため、市の職員でも、どの相談機関が何を担当しているのかが判然としていないことも珍しくない。このため、個別のケースの課題を洗い出しても、その案件を解決する機関との調整に時間を要する上に、最悪の事態としては、その相談機関すらも自らの機関が解決に動くべき機関であることを認識していない場合すら起こり得る。

このため、まず相談機関と、そこが対応する分野を整理した一覧表を作成し、各相談機関の役割分担を明らかにして、それを関係者に共有することとした。これにより、曖昧な認識の下で案件の相談そのものを断る、ということがないようにした。

②「つなぐシート」の導入

次に、世帯全体の課題を各相談機関で共有し、解決を図るためのツールとして、「つなぐシート」を作成している。これは、漠然と各相談機関に世帯全体の課題把握とアセスメントを業務として位置付けたとしても、相談機関の元々の対象者のアセスメントですでに負担過多となっている中で、全く別の視点でのアセスメントにすぐに各相談機関が対応することは難しいだろう、という課題意識から生まれたものである。

具体的には、世帯全体の課題把握・アセスメントを行うにあたって、

・何を確認する必要があるのか（確認の視点）。
・確認した内容からどういったことが課題なのか（課題の洗い出し）。
・その課題に対する解決策をどうするか（支援メニューの検討）。

の３点について、各機関でイメージしてやりとりができるよう、様式を作成して各相談機関に利用を促している。効果としては、関係者が多くなる中でそれぞれの関係者がコミュニケーションを取りやすくすること、そして、各相談機関がそれぞれにこれを埋めていくことで結果的に一体的な支援が実現していくこと、を期待している。

③市（行政機関）の介入

また、市の介入についてであるが、どうしても、生じた案件について各相談機関でお見合いをしてしまう可能性は否定できない。各相談機関はそれぞれの役割に則って日々業務を行うわけであるが、その役割に沿って中心となる機関をきれいに確定できる相談案件ばかりとは限らない（むしろ、確定できない方が圧倒的多数であろう）。

このため、どこの相談機関が一緒に考える必要があるのか、そして、どこが中心となって動くことが望ましいのかについて、横並びの相談機関同士の話し合いでは決定が難しい。

そこで、市が介入して、そこの差配を行う仕組みとしたものである。

④ケース検討会の設置

加えて、ケース検討会についても設置している。これは、各相談機関が「つなぐシート」で課題の共有と課題解決の方向性をそれぞれ作成した上で、その課題設定などが妥当であるかどうかの確認に加え、支援メニューについても議論し、決めていくことを目指しているものである。

つまり、この場で、各相談機関が一堂に会して、ケースを検討することになる（「つなぐシート」の作成でほぼ解決を見るものもあるが、相互に調整が必要な場合などに、検討会で各相談機関が顔をつきあわせて議論する）。ここでのやりとりを通して、各相談機関の支援による世帯全体の最大効用が図られることを期待している。

⑤アドバイザー会議の設置

そしてこの岡山市の仕組みの中で、最も特徴のあるものとしては、アドバイザー会議（複合課題解決アドバイザー会議）の設置である。

全てのケースをこのアドバイザーが確認することはできないが、アドバイザーが、各相談機関のアセスメント結果から困難とされる事例（支援に対する親族の理解がない、虐待の可能性がある、市の特定の相談機関が動かない、など）について、日々の豊富な経験から、地域共生社会の趣旨を踏まえて解決に導くための助言をすること、場合によっては具体的に介入することも厭《いと》わずに動くこと、を目指したものである。

困難な事例は、どの相談機関も判断に躊躇することがあるため「困難なもの」となるのである。その躊躇している事柄について、あらためてケースを検証することで、各相談機関の思考プロセスを確認し、解決の方向を指し示す役割（相談機関の相談支援の役割）を、このアドバイザー会議は有している。

メンバーは、市の専門職を中心として構成されており、各相談機関からのリスペクトを受けている人たちによる、いわゆる「賢人会」とも言えるものである。具体的には、この会議体では、実際にサービス支援などに入る前の段階で、具体的ケースについて検証を行う。アセスメントが適切に行われているか、何が原因で支援が行き届かないのか、その上で支援をどういう考え方で行うこととしているか、といったことを確認して解決に向けていく。


岡山市では、保健医療、福祉といったそれぞれの分野担当と、社会福祉協議会（ここが各相談機関を訪れて総合相談で対応すべき課題を洗い出し総合相談のスキームに乗せる役割を果たす）とで1年をかけた議論を行って、地域福祉計画を地域共生社会を掲げた計画にする（岡山市は、この地域共生社会を掲げることで地域福祉計画を策定した）とともに、こうした一連の課題解決スキームを構築した。岡山市は、この総合相談システムを第一歩として、地域共生社会の具体的な形を作り始めている。

3. スキームによる効果と今後の課題

こうして実際にスキームを構築したが、各相談機関による効果の受け止めとしては、

・各分野で進行管理の協議会などの仕組みはあるが、仕組みから外れてしまうものもあり、そうしたケースへの活用が期待できる。

・他の相談窓口につないだら関わりを終えてしまうケースが多いが、一緒に支援を考えて情報を共有していくという意識の改革は必要。

というようなものがあり、このスキームへの期待は大きい。

平成30年の10月以降から、約半年で10例近くを試行的に扱って、スキームの動かし方を確認したが、複合的な課題を抱える世帯が複数の相談機関と別々に相談し、その結果どうしたら良いのか判断がつかずに支援まで行き着かなかった案件について、必要な支援の優先順位を各相談機関で話し合って決定することにより、具体的な支援につながったというケースも

資料5　岡山市の現状と目指すべき相談体制

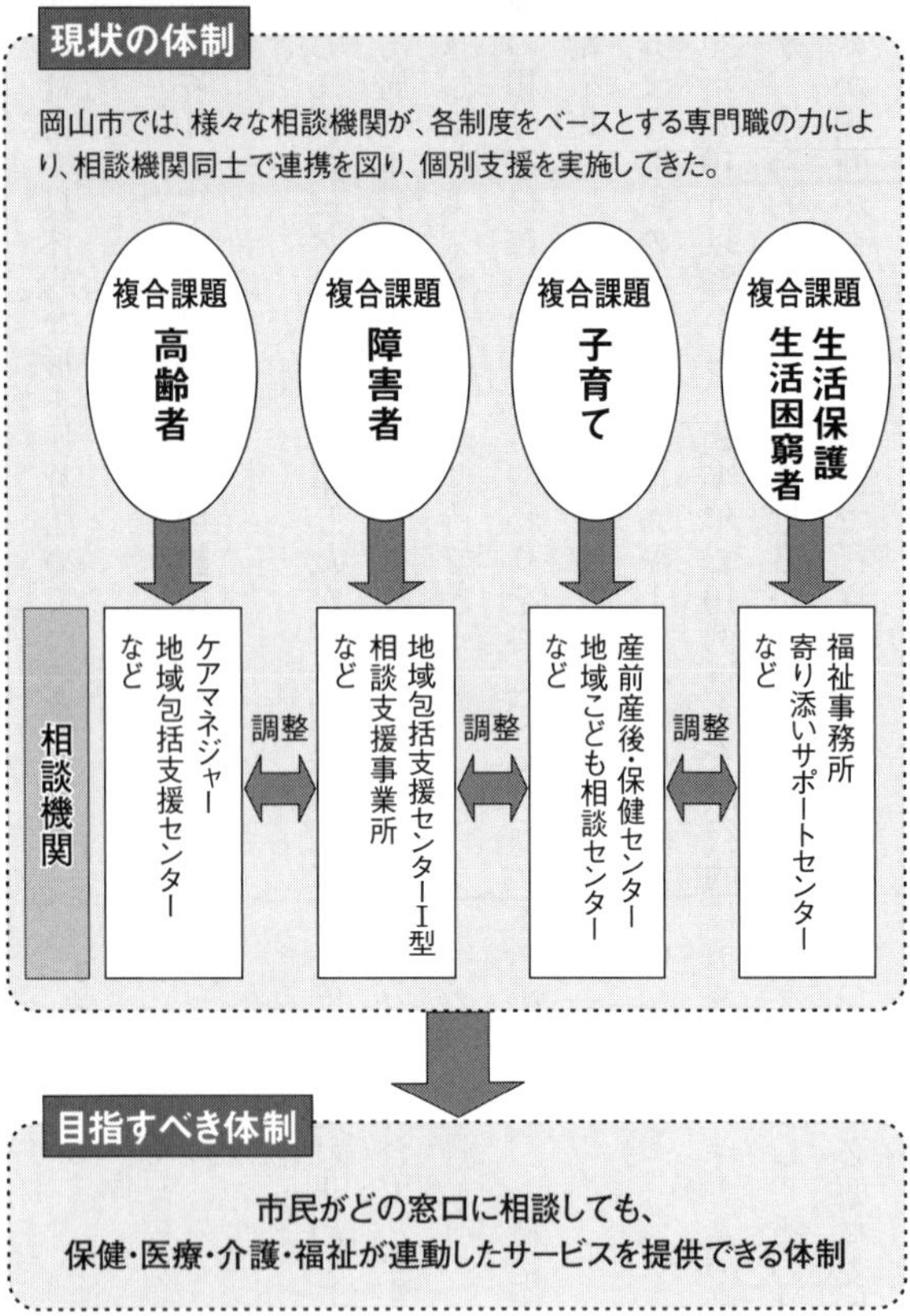

（出典）岡山市作成資料から抜粋

現れるなど、現場での効果も発揮している。

今後の課題としては、

・各相談機関で、ともに情報が確認できるシステムの構築。

・課題解決のためには、制度下のサービスに加えて、制度外のサービスの利用（住まいの確保など）も考えられ、現存のサービスで解決できない案件が出てきた場合の新たなサービスのあり方についての検討。

などが考えられる。岡山市の審議会においても、この認識を報告し、今後検証を重ねていくこととしている。

総合相談のスキームを作り上げた事例は、全国でもまだそこまでの数がないことから、今後、具体的な事例が積み重なっていく中で、このスキームがどのように深化していくのか、注視していく必要がある。

（3）こうして出来上がる地域共生社会【岡山市の地域づくり編】

さて、ここまで述べたような、「総合相談で課題を把握し、必要な支援メニューを整備するなどしていく」という方法は、行政の福祉政策としてはしごく真っ当な解決方法である。

一方で、前章でも述べたとおり、人口が減る中では、制度ごとのサービスの供給力（専門職）が増していく可能性は決して高くない。また、これも先述したとおり、公的制度による支援はどうしても支援対象が限定されたものとなるため、支援の自由度に限りがある。こうした中にあっては、制度による支援メニューだけではなく、地域における様々な資源による支援がある方が、より暮らしやすさの向上につながると言える。

岡山市では、こうした点から、地域における支援メニューの充実を考え、

・担い手の確保。

・（担い手が確保できるという前提での）地域活動の活性化。
の2つの視点で考えることが必要だと議論した。以下、この2点について説明したい。

1．担い手の確保

若手ボランティア人材と活動とのマッチング

まず、担い手の確保という点では、若手人材のボランティアによる確保と、高齢者の活躍（高齢者の場合はボランティアに限らず就労者としての活躍も含める）の2つの切り口が考えられる。

若手人材のボランティアという視点は、昨今の災害からの復旧支援への意識を見ると、ボランティアとして貢献することへの中学生や高校生、大学生といった学生の関心は非常に高い。岡山市でも平成30年7月の豪雨災害では、非常に多くの方にボランティアとして力を貸していただいた。

また、災害に限らず、たとえば、子ども食堂などを開設する場合、幾人かの学生や若い就労者がボランティアとして参画している姿を目にする。

しかし、こうした動きがある一方で、地域の困り事に携わる法人や組織は、慢性的な人材不足に陥っている。これは、1つには、ボランティア人材の需給バランスを調整する組織の不足が挙げられる。各自治体はボランティアセンターを設置しているが、そこでは地域活動を担っている法人や組織に対して、ボランティアの募集の有無を確認すること（就労支援で言えば求人活動支援に当たること）や、大学などの学校に赴《おもむ》いてボランティア希望者を募ったりすること（就労支援で言えば求職説明会などの求職支援に当たること）を一元的に行うというところまでは至っていない。

身近な地域での困り事に携わる組織・法人が、ボランティア人材を今よりも確保しやすくしていくためには、活動と人材のマッチング支援を担う組織の積極的な活動が期待される。

生きがいとしての高齢者の就労支援

これに加えて、高齢者による地域の困り事の解決、という動きについては、今後様々な手法が考えられるであろう。

まず、地域の課題解決を図る取り組みとしては、継続性を考えれば、企業活動（ＮＰＯの活動を含めて）が地域の課題解決に関与していくことが望ましく、その場合に、高齢者がその企業の労働者として参加していくことが考えられる（今後、兼業の形で現役層がこうした企業に参加する流れが出てうねりになっていくことも期待されるが、ここでは、高齢者について考えることとしたい）。

柏市では、生きがい就労として、それほど長時間の就労ではないが、生きがいを感じることができる仕事を創出し、地域に貢献できる人材として、高齢者に最低賃金以上の給与で活躍してもらう事業を展開した。

たとえば、幼稚園での読み聞かせや、学童保育と塾をセットにした民間企業で高齢者が英語を教えるといった子育て支援の充実を図るものであったり、農業の人手不足対策の一助として、高齢者に農作業に従事してもらったりという取り組みを進めていった。

今後、定年の引き上げが考えられる中では、企業の中で働く高齢者は増えることが予想されるが、企業の業績のために働く働き方だけではなく、（長時間の就労ではなく体力に応じて生きがいに重点を置きつつ）地域の課題解決につながる企業での就労という働き方についても、選択肢として提示できる環境があっても良いのではないだろうか。

岡山市では、直接的に地域活動の担い手として企業が高齢者を雇用することを目的とすることまではできていないが、高齢者の就労を支援する取り組みから始めて、課題を抱えた人を働くことに結びつけていく取り組みを、地方創生推進交付金で作り出すことにチャレンジしている。企業の中には、地域活動に積極的に協力したいという思いのあるところもあり、高齢者や課題を抱えている人の就労を支援する取り組みが成果を出していく中で、地域活動の担い手として、企業での就労を通して活躍する高齢者が数多く出てくることが期待される。

なお、この仕組みは、課題を抱える人や高齢者にむりやり仕事を作り出していくことを目的とするものではなく、あくまで、今後の日本社会に必要なもの、人口減少社会において意義ある仕組みだと筆者は理解している。その点から、後の章でもう少し具体的に触れたい。

一方で、こうした「就労」を通して地域で活躍するのではなく、今までの経験を活かして「ボランティア」として活躍したいという高齢者も多い。そうした思いは、地域の活性化の源になる。岡山市で設置している「生涯現役応援センター」では、そのような高齢者にボランティア先を紹介して、地域活動の担い手になっていただくことも進めている。

とはいえ、この「生涯現役応援センター」においても、先に記した若手人材のボランティア確保の課題と同様に、マッチングに関しては力不足な部分があり、この組織においても、マッチング機能の充実においては、積極的な活動が期待される。

2. 地域活動の活性化

次に、地域活動を活性化していく点についてである。

地域活動を活発なものとしていくべき理由としては、先にも書いたとおり、様々な支援メニューがある方が、当然、暮らしやすさの向上につながるからである。

たとえば、高齢者が増えていく中で、日常的な困り事を解決する際に、ちょっとしたことに対して、そのたびに民間サービスや制度のサービスを活用して、費用を負担するのではなく、お隣同士のつながりの中（一定の地域のつながりの中）で解決が進むということは、即時性という利点に加えて、地域で暮らす安心感にもつながる。

また子育てにおいても、たとえば、どうしても放課後の居場所の確保が難しいという課題に対して、地域の有志（子ども食堂も地域の八百屋さんが余った野菜などから始めた）が、子どもが立ち寄ることができて「ただいま」を言うことができる場所を作り出す、ということも、親の安心感につながる。

この他、地域の介護事業所が、事業所としての活動が終わった夜の時間帯に、食堂を活用して、地域食堂を展開する、ということも考えられるだろう。

つまりは、地域で暮らしていくにあたり、生活が豊かになる、生活に安心感が出る、そうした取り組みについて、地域という様々なプレイヤーが存在している場で、様々な事業が作り出されることが期待される。

こうした問題意識の中で、地域活動を行う主体（地域の人たち、法人・組織）別に、大きく次の2つの方向性で取り組みを行うことが望ましいと考えている。

・地域の人たちによる活動の活性化（介護保険制度の生活支援体制整備事業と、様々な活動のコラボレーションによる地域活動のイノベーションの実現）。

・法人の公益的な取り組みの推進。

以下、それぞれについて説明したい。

①地域の人たちによる活動の活性化

1つ目は、地域の人たちによる活動を活性化させるという取り組みである。

まず、現在、地域に根ざした町内会などにご協力をいただきながら、介護保険制度の生活支援体制整備事業などにより、地域活動を創造することを進めている（制度に裏付けられた地域活動の推進ということができる）。これにより、いくつかの町内会では、孤独死を避けるため、見守りの取り組みを開始するなどにチャレンジしている。

こうした取り組みが増えていくことは、確実に、その地域で暮らす人たちの基本となる安心感の高まりにつながるものであり、ますますの広がりを期待したい。

ただし昨今は、地域が、福祉に限らず、教育、防災など、様々な課題解決の主役になることを期待されていることが多く、地域の人々が疲弊してしまっている現状もあるということは、理解しておかなければならない。

こうした中で、「見守り」という、暮らしの中で基本となる安心感に寄与するメニューの他に、支援メニューを充実させていく、ということを考えた場合、生活支援体制整備事業を進めている多くの自治体で、進捗が芳しくない状況にある。

確かに、よほど事業化に精通した人が町内会などにいれば別であるが、そうした経験を有した人がおらず、また、事業を作り出す上で必要になる人・もの・カネも準備することができない状況にあるとなると、様々な事業を作り出すことは非常に困難であろう。

そこで、福岡県久留米市の取り組みのように、まちづくりの活動と福祉的課題へのチャレンジとのコラボレーションを考えるのは、非常に興味深い挑戦になると思われる。具体的に言うと、地域活動を行っている人であれば誰でも集うことができて、ともに活動を進める議論ができる場（いわゆるプラットフォーム）を作るということである。

久留米市の場合、この「場」を通して、女性起業家を応援する組織と、ＤＶ被害者支援をしている組織とがコラボレーションを試みて、課題解決の動きを加速させるなど、福祉の世界（社会保障の世界）とその他の世界とが問題意識を共有して連動し、それぞれの活動において相乗効果を生む（地域活動を活性化する）動きが出てきている。

これは、自らの関心から行動を起こしている人たち（まちおこしの人たち）と、課題意識から行動を起こしている人たち（福祉的課題に着目して活動している人たち）との出会いの場が、それぞれの人々にインスピレーションを与え、具体的な行動に結びつき、支援メニューの充実につながっていく流れ、と言うことができるであろう。

特定の分野で特定の活動をするだけではなく、他の分野の他の課題意識に触れることで、イノベーションが生まれるわけであるが、まさに、地域活動の分野においても、そうした効果を生む「出会いの場」を作り、その上で、具体的なイノベーションを導き出す取り組みが始まりつつある、ということである。

岡山市でも、まちづくりの活動をする人たちと福祉的課題から活動を進める人たちの出会いの場を創出し、お互いの活動の問題意識を共有する場を設けるなど取り組みを進めている。

②法人の公益的な取り組みの推進

２つ目としては、社会福祉法人や医療法人が公益的な取り組みを進めることにより、支援メニューの充実を図る取り組みである。

社会福祉法人や医療法人が、制度によって提供するサービスのみを行っている場合は、制度対象者にしか関係のない機関となり、結果、地域から浮き上がった存在になってしまう。そうした事例は決して珍しいものではない（その結果として、各地での事業所の建設反対の動きなどにつながっているとも考えられる）。

逆に、地域食堂などの地域の集いの場となったり、自治会の事務局機能を担うなど、地域の中に溶け込んで地域の頼れる存在となり、多くの貢献を地域にしている法人も存在している。しかし、そのような組織・法人はそこまで多くはない。

岡山市では、こうした地域に開かれた多くの貢献をする組織・法人の取り組み（公益的な取り組み）をより進めていくことについて考えることとした。その検討の中で、社会福祉法人や医療法人に聞き取りを行ったが、そこでは、

・そうした貢献をしたいとは思いつつも、具体的な行動にどのように移せばいいのかがわからない。
・具体的な行動に移したとしても、その行動に要する人や場所、費用などについて、行政から指導・監督を受けてしまう可能性もあるかもしれない。

ということに悩んでいるということが明らかになった。

このことから、岡山市は、法人が公益的な取り組みを進めるために、指導・監督の立場ではなく、コンサルタントとして、法人の公益的な事業の立ち上げに協力する（一緒になって事業の立ち上げを考え、必要な支援事業や規制緩和を検討する）組織（正確にはチーム）を立ち上げ、組織・法人のチャレンジを行政として応援することとした。

この取り組みにより、現に、地域食堂の立ち上げなどを考える法人から相談が来るなどしており、今後に期待できる動きになっている。

（４）岡山市の取り組みを通して言えること

岡山市の地域共生社会の具体化としては、総合相談を中心に着手を開始し、地域づくりにあっては、まだ一歩を踏み出したに過ぎない。しかし、具体的にアプローチを進める中で、今まで動いているだろう、効果が出ているだろうと考えていた制度に依って立つサービスの限界と、一方で、その限界をフォローする地域活動の強化の難しさを強く認識するに至った。

特に、地域活動を強化して、支援メニューの充実を図ることについては、福祉分野、社会保障分野の関係者に限らず、多様な分野の力（まちづくり活動や企業、金融機関など）を活用することにチャレンジすることが必要であるという新たな発見があった。

筆者は、地域共生社会のコンセプトどおり、各分野に縛られた考えでは、地域共生社会の実現、それによる「全世代型の地域包括ケアシステム」は日の目を見ない、ということを岡山市で痛感させられた。

まずは、理解を得やすい総合相談の実現に向け、各福祉分野はもちろん、それに医療という分野を加えた相談スキームを、相談の質を向上させていくという観点から構築することが必要である。

次に、地域力の向上としては、地域自体が多様な資源が存在している場であるため、その「多様な資源」の力が最大限発揮されるような仕掛けをしていく必要があるであろう。

いずれにしても、地域共生の実現に向けては、固有の分野にとらわれずにチャレンジする、新たな行政姿勢が必要になるであろう。

第4章

「地域包括ケアシステム」と「地域共生社会」の、その先に――

（1）日本が抱える最大の課題とは

さて、これまで、「地域包括ケアシステム」「全世代型の地域包括ケアシステム」、そして「地域共生社会」の考え方について記すとともに、その実現の道のりを筆者の実体験から書き起こしてきた。

そしてまた、これからの時代にも地域包括ケアシステムというコンセプトは有用であること、その時の「地域包括ケアシステム」は「全世代型」のものに見直す必要があることを記してきたが、最後にあらためて、これからの社会の状況と課題、そして必要とされる打開策とその方向性（「全世代型の地域包括ケアシステム」のある社会を目指すべきであるということ）、さらにはその具体的な施策展開イメージ（これからの社会の構想のようなもの）について少し具体的に記していきたい。

これからの日本の状況と課題

ここで、今一度、これからの日本の社会の状況と課題を確認したい。

社会的な状況としては、やはり、少子高齢化と、それによる人口減少の２つが、社会を大きく変えていくということに尽きるであろう。

今後は、この２つの現象により、

・医療費などの社会保障関連経費の増加が進み、個人や企業の経済的負荷が増加する。

・現役世代の労働者が減少するため、１人当たりの生産性の向上が求められ、その結果として人的負担が増加する。

という２つの課題が生じていく。

これらの課題は、国や地域が発展していくために必要なエンジンである「お金」と「人」の２つに関係するものであるから、国や地域の発展、持続可能性という部分に深刻な影響を及ぼしていく。なお、この２つの課題は、程度の差こそあれ、今暮らしている人々の生活にも徐々に表れてきている。

この２つの課題について、もう少し具体的に見てみる。

社会保障関連経費の増加

まず、すでに社会保障関連経費の右肩上がりの伸びは、日本財政の最大の課題である。消費増税を行う理由にもなっているし、また、1人当たりの給与も、各社の賃金体系に則って、額面の給与は増えていったとしても、社会保障費が差し引かれた後の手取りの給与は増えていないといった経験をしている人は少なくないであろう。これだけで消費の伸びがゼロになるとは言えないまでも、少なくとも、消費を押し下げる要因にはなっているであろう。

そして、企業にとっても、赤字でも支払う必要のある被用者保険の仕組みにおける事業主負担の増加などが深刻であり、企業の設備投資の足かせになっているという声もあり、企業の持続可能性に悪影響を与える要因となっている。

現に、筆者が岡山市に出向している時にも、多くの企業からその切実な声を聞いた。

1人当たりの人的負担の増加

また、1人当たりの生産性の向上については、国を挙げて取り組むこととされており、働き方改革などはその最たるものである。

1人当たりの人的負担という観点から見た時には、労働時間自体は減少傾向にあり、諸外国の水準と比較してもそれほど突出した状況にはないものの、平成25年には国連において、日本の多くの労働者が長時間労働に従事していることが取り上げられるなどしている。

昨今の人手不足の最たる例である福祉の現場（保育や介護など）では、労働者の確保ができず、保育士や介護士として働いている人が、なんとかサービスを可能にして市民の生活を支えているが、働いている環境自体は厳しいものであり、人手の確保もままならずにサービスを閉鎖するといったことも起きている。

このように、日本という国においては、今以上に人的負担が増していく働き方は、現実的なものとは言いがたく、よって、働くことができる人（働きたいと考えている人）が可能な限り働くことができる環境づくりとともに、業務の見直しや技術革新を取り入れるなどして、1人当たりの生産性を引き上げていくことに取り組まなければならない。

そこが確実に実行されない場合には、日本の経済の発展の可能性を見出すことは難しく、市場としても評価がされない状況に陥ってしまうであろう。

このように、簡単に触れただけでも、少子高齢化と人口減少が人的負担の増加と経済的負荷の増加を生じさせ、それらが国や多くの地域・企業にとって、現状からの発展・成長を困難なものとし、持続可能性を著しく低下させる最大の要因になることがわかるであろう。

では打開策としては、何が考えられるであろうか。1つずつ考えてみたい。

(2) 社会保障費の増加への打開策

病気と付き合いながらも、自分らしく生きていく

社会保障費を最適なものとする対策は、昔から言われているとおり、とにかく、国民一人ひとりが健康であること、であろう。

しかし、昔とは異なり、今の時代では、医療の進展、高齢化、人々の生活の成熟化により、完全に病気をしない人などは存在せず、また何らかの病気を抱えて暮らしている人が少なくない状況になっている。これからの時代は、病気と付き合いながら生きていくことになることに留意して、「健康であることとはどういうことなのか」を考えなければならない。

日本人の健康や疾病の状況を見ると、生活習慣を要因とする疾病が、死因の上位を占めており、その疾病罹患リスクは、35歳以降、右肩上がりとなっている。

これは、35歳から何らかの疾病や疾病リスクを抱えている人が一定数存在し、年齢を重ねるに従って、その層が増えていくということである。

また、高齢化によって、「老い」による衰弱の状態の悪化、いわゆる「フレイル」の状態の人も一定数存在している。さらには、高齢者になると、生活習慣の悪化が引き起こす疾患に複数罹患しているケースも増えていく。

加えて、がんは２人に１人が罹患するなどと言われているが、一方で、医療技術の進展によって早期発見が可能になり、がんの治療と仕事や日常生活を両立させる人も多くなってきており、がんサバイバーも増えてきている。

このように、今後、日本では、多くの人は何がしかの疾患、または疾患リスクを抱えて暮らすこととなるのである。こうした中にあっては、人々は、病気と向き合いながら、いかに自分らしく暮らしていくか、いかに生きがいを作り出しながら生活を送るか、を考えることが重視されるようになる。

疾病を完全に治癒することも重要であるが、それに加えて、生活の質をより良いものにすることに重きが置かれるようになっていくのである。

これからの時代の「健康であること」とは

昨今の調査では、社会参加など、生きがいを持って暮らすことが、健康にプラスになることが明らかになっているし、社会的な孤立状態は健康を悪化させることも指摘されている。

個人の生活の様子をイメージしても、生きがい（生きる中での目標や楽しみにしている出来事）を持つことで、入院しても、早期退院を患者自身が希望したり、リハビリを積極的にしたりといったことにつながることは容易に想像できるであろう（実際に筆者の母親も、仕事復帰や孫と元気に遊ぶ時間を確保したくて、早期退院とリハビリに積極的になっていた）。

自分らしく暮らしていく、生きがいを作り出しながら生活を送る、こうしたことが、究極的には、保健医療の介入を減らしていくことにもなっていくのである。

こうしたことを踏まえて少し整理すると、これからの時代の「健康であること」とは、

・保健医療の介入がない、または、一定の介入が継続している中で、
・自分のやりたいことに多くの時間を割き、生き生きと暮らしている状態。

ということになると解するのが自然であると筆者は考える（オランダのポジティブヘルスに近い考え方と受け止めていただくと理解しやすいと思う。以下、本書では「健康であること」はこの状態を指すこととする）。

そして、この「健康であること」が維持できれば、保健医療の介入も、一時的に大きくなることはあっても、長く継続しないということになるだろう。

つまり、社会保障関連経費の増加への対応としては、「健康であること」を維持できる体制を整備すること、ということが一番大切になると言えるであろう。

介護が必要になっても、「健康であること」を可能にする

さらに、歳を重ねるなどして介護が必要になったとしても、こうした考え方は同じであろう。介護が必要になったとたんに、こうした「健康であること」を目指す考え方をやめてしまうことは、生き方の上で整合性がない。介護の状態から脱したい、または介護を少しでも少なくして自分らしく生きたいと考えることは、至極当然のことだと考える。

しかし、今の介護保険制度では、介護が必要と認定されると、介護のサービスに囲まれることとなる。そのサービスは、支援中心（いわゆるお世話型）のサービスが多く、また、状

態改善を促すような制度の構造にもなっていない。

このため、介護が必要になった瞬間（介護サービスを利用するようになった瞬間）から、地域の集いから離れてしまい、地域コミュニティとの関係が断絶してしまって、さらに状態が悪化していってしまうというケースも現実に起きている。

介護保険を使うようになったとたんに、それまでのような「生活の質を追求しつつ自らの状態の改善を意識したり地域コミュニティとつながったり」という生き生きと暮らしていくためのチャレンジを、試みる機会が少なくなってしまう可能性があるのである。

介護を必要とするような状態になったとしても、介護サービスの介入を減らしていくように状態改善に取り組み、生き生きと暮らしていくこと（「健康であること」）を可能にすることが重要になってくるであろう。

こうした点を考えると、これからは「健康であること」を目指すものとして、「生きがい」を組み込んだ「全世代型の地域包括ケアシステム」の実現が兎《と》にも角《かく》にも求められるということである。

（3）人的負担の増加への打開策

それでは次に、人的負担の増加を解消するためにはどうするか、ということについて考えていきたい。

ここで考える方向性は非常にシンプルであり、

1．就労者人口を増加させていくこと。

2．（人的負担を軽減するために）1人当たりの生産性を高めること。

の2つである。以下、それぞれについて、詳しく見ていく。

1．就労者人口を増加させる

女性、高齢者、障害者、疾病を抱える人――就労機会を確保する

まず、就労者人口を増加させるという点についてであるが、就労者人口を増加させる手法は、大きく３つある。

１つ目は、次世代の担い手を増やしていくことであるが、これは、対策を取り、直ちに効果が表れたとしても、20年から25年かかる。

２つ目は、外国人を積極的に受け入れることであるが、先の出入国管理法改正時の議論を見ても、たとえば数百万から１０００万人規模で、外国人が仕事をするために日本を訪れるようなことを社会として受容するには、今少し時間を要すると考えられる。

そうなると、３つ目の、女性はもちろんのこと、高齢者や障害者、困窮者や疾病を抱える人の就労機会を確保していくことが、最も期待される取り組みになるであろう（「全世代型の地域包括ケアシステム」が人口減少下に必要とされるとしたところでも説明した内容である）。

当然、女性が働きやすいような子育て支援の充実や、障害者が働きやすいような障害者の就労環境の整備（就職支援や定着支援など）は進めなければならない。特に、人口規模から言えば、女性が働きやすい環境などは、もはや人口減少下にあっては当然のこととして整備

されていなければならないものであろう。

そしてやはり、今後の高齢化の中では、高齢者についても就労機会の提供にチャレンジをしなければならない。最近では、柏市での生きがい就労の推進や、福岡県の70歳現役応援センターのように、高齢者の就労支援をワンストップで行う取り組みもなされている。

キーポイントは健康増進

しかし1点、忘れてはならないことがある。それは65歳以上になると、医療費（1人当たり医療費など）が増加することである。つまり65歳以降になると、若い時代に身に付けた良くない生活習慣の影響により、生活習慣に起因する疾病の症状が出てくるのである。

この点、さらに思考を進めると、

・高齢者の就労を進めても、生活習慣に起因する疾病により、就労ができない、または、就労できても疾病を抱えながら働いている状態である。

・35歳以降の現役世代であっても、つねに疾病に罹患するリスクを抱え、そして疾病の症状が出れば、医療機関の介入を受けながら働いている状態である。

ということになっていて、高齢者はもとより現役世代であっても、100％の力が発揮されない環境が隣り合わせになっているという新たな視点が導き出される。

つまり、高齢者就労を、ただ「雇用政策」として進めるだけでは、十分な効果は出ないのである。

この点、35歳の時から、良い生活習慣を身に付けてもらうことができれば、

・65歳になっても、疾病を抱えずに働くこと（100％の力を発揮すること）ができる。
・35歳から定年の年齢まで、100％に近い力を発揮し続けることができる。

という２つの効果（一石二鳥の効果）を得られる可能性がある。

つまり、「35歳から良い生活習慣を身に付けること」、これがあれば、一部の人が指摘するように、生産年齢人口の対象年齢を65歳以上に引き上げられる明るい未来が創造でき、さらには、個々人が持っている力をしっかりと発揮するという「生産性の引き上げ」効果も得ることができると筆者は考える。

筆者は、就労者人口の増加には、今まで言われている雇用環境の整備や就労支援も大切であるが、もう１つのキーポイントは「健康増進（良好な生活習慣の獲得）」だと指摘したい。

2．1人当たりの生産性を高める

多様な人が働くことができるための環境整備

次に、1人当たりの生産性の向上についてであるが、生産性を高めるためには2つの策がある。

1つ目は、ICTなどの効率性を追求する技術の導入や、動線の見直しなどの、業務効率化といったイノベーションを積極的に取り込んでいくことである。

そして、2つ目は、疾病の治療はもとより、育児や介護といった、労働時間がどうしても制限されるケースに対して、休める環境を作る、または支援サービスを利用しやすくする、ということを通して就労を継続可能にしていくといったことが考えられる。

つまりは、企業全体、社員全員が、課題を抱えることは「明日は我が身」と捉えて、「課題を抱えながらも働くこと」ができる環境（労働に今より集中できる環境）を作り、課題を原因とした離職を防ぐ、そしてキャリア（社員が蓄積してきたノウハウ）を喪失させない、ということである。

こういう指摘をすると、結局のところは「働き方改革」に尽きるというメッセージと受け止められそうだが、筆者は、もう一歩踏み込んでみたい。

つまり、3つ目として、現在働いている人のための政策だけではなく、「全世代型の地域包括ケアシステム」のところで、

・日本は「若くて元気でフルに働ける人でなければ……」などと言っている余裕はない。

・色々な課題を持っている人でも、働いて労働力として活躍してもらうことが必要。

と述べたが、多様な状況にある人が働くことを可能にするためにも、医療的・福祉的な支援を適切に受けることができる環境と、その環境下で仕事に就き働くことが当たり前になること（これはまさに、「全世代型の地域包括ケアシステム」であり、地域共生社会の検討により実現が期待されること）が必要になる、ということを指摘したい。

課題を抱えた人への就労支援に必要なもの

この点（医療的・福祉的な支援を適切に受けることができる環境下で、仕事に就き働くことが当たり前になること）について、少し、具体的なイメージが湧きにくいだろうと思うので、具体策について、ここで触れておきたい。

昔から、就労支援政策として、ハローワークが求職者と求人企業を結びつけてきたわけであるが、基本的には、求人票を紹介しての対応が大半であった。

一方で、障害者手帳を持つ障害者には、障害者就労支援サービスが障害福祉として提供され、きめ細かな就労支援（求職者の状況把握、求人企業との密なマッチング、定着支援など）がある。これは、障害を持つ人と求人企業のニーズをより丁寧に合致させ、長い期間の就労を実現させて自立を促すことを目的としているためである。

筆者はこの仕組み・制度を、高齢者や課題のある人に新たに広げることを提案したい。

これからは人口が減っていくことになるのだから、多様な状況にある人たち（高齢者、生活困窮者、シングルマザー、疾病患者など）が活躍していく社会に必然的になっていく（この点については、これまで本書で記したとおりである）。この時、ただ、求人票と照らし合わせて紹介していくだけでは、決して就職とその後の定着は進まない。介護と子育てをしなければならない人に、ただ8時間労働を要求する企業を紹介しても、定着は困難になるだろうし、定着したとしても育児や介護が破綻するだろう。

つまり、抱えている課題を洗い出し、その課題に対する支援を結びつけ、その上で、その人の能力や経験を踏まえた紹介を図り、さらには、就職先の企業に紹介者の状況に沿った対応を取るよう相談を重ねていくことが求められる。今の求職者に対しての支援以上に、丁寧かつ多様なマッチング支援が必要になるのである。

これは、ハローワークではもちろんだが、民間の就労支援企業でも同じことが言える。何度も指摘するが、人口が減っていく中では、多様な状況にある人たちも活躍できる社会にしなければ、企業も、日本という国も、持続可能性を引き上げることはできなくなるのである。就労支援機関が、様々な状況にある人たちの就労を実現するためのマッチングを考え、それを新たな時代の就労支援サービスとして打ち出していくことが期待されるし、それを後押しする制度が求められる。

岡山市では（すでに高齢者の就労を支援する取り組みにチャレンジしていると述べたとおり）、企業の理解を促しながら、課題を抱えた人が少しでも就労に結びつくよう、まずは高齢者へのチャレンジからであるが、社会福祉協議会（無料職業紹介の許可を持っている）と民間の就労支援企業とのコンソーシアムで、丁寧なマッチング支援（企業の開拓も含む）を展開することについてチャレンジしている（地方創生推進交付金の事業として、平成30年度から検討を開始）。新時代の就労支援の姿を提示できるか、期待される。

（4）打開策の先にある、これからの日本が作るべき社会システム

以上、少子高齢化と人口減少から生まれる課題に対する打開策について、その方向性を考察してきた。どちらも「全世代型の地域包括ケアシステム」が必要という方向性であるが、この方向性を現実のものにする仕組みは具体的にはどういったものだろうか。

先に記した打開策の方向性から、ポイントは次の3点と考えられる。

1．35歳から「健康であること」が実現できる仕組み
　①（意識していてもしていなくても）良い生活習慣が得られる仕組み
　②医療的・福祉的な課題がある場合にはしっかり支援が介入する仕組み
2．高齢になっても「健康であること」が実現できる仕組み
3．新たな取り組みを実現する基盤（人材と財源）

それぞれについて、具体的に考えられる施策を順番に説明をしていきたい（併せて、ただ理想を語っているだけではなく、実行に着手する動きがあることをご紹介する意味で、岡山市で取り組んできたことについても少し紹介したい）。

1．35歳から「健康であること」の実現

まず、35歳から「健康であること」が実現できる仕組み、についてである。

先ほど、本章の（2）で、「健康であること」とはどういうことか、について考察したが、その際に、論点は2つあると述べた。

1つは、医療の介入が可能な限りない状態、つまり、良い生活習慣が得られることであり、もう1つは、医療の介入や福祉の介入が必要な場合にはしっかり入り込んで、その中で生き生きと暮らすことである。このそれぞれを実現することが必要である。

①良い生活習慣が得られることについて

生活習慣を改善する３つのアプローチ

まず、医療の介入が可能な限りない状態にすることについてであるが、日本の死因の上位は、生活習慣の改善により予防可能な疾患、いわゆるＮＣＤｓ（非感染性疾患）である。昨今は、医療の進展や生活の成熟化などで、このＮＣＤｓが主要な健康課題とされている。35歳以降の医療費を右肩上がりにしている要因が生活習慣病であることからも、その点についてはご理解いただけると思う。

これを踏まえると、医療の介入を可能な限りない状態にすることは、「生活習慣の改善」が対策となるが、その「生活習慣の改善」をどのように実現していくのかの処方箋《しょほうせん》が強く求められている。筆者は、そのアプローチとしては、至極当たり前であるが、

〈１〉リスクの把握
〈２〉科学的根拠に則った指導
〈３〉具体的な行動を促す環境

の３つが重要であると考えている。この３つのアプローチに従って、具体的な対策について説明していきたい。

〈1〉リスクの把握

まず「リスクの把握」については、現時点では医療機関で実施される健診によって、疾病に罹患している状況であることやその状態に近いことが発見される仕組みになっている。しかし、正直なところ、検査の数値として表れてしまう状況というのは、ハイリスクか、またはそれに近い状況（いわゆる赤信号が灯《とも》っている状況）だ。この段階からの対応としては、投薬治療などの医療の介入によって、状態の維持やハイリスクでない状態に戻していくことが一般的となるだろう。

この点について、筆者は、そのもっと前の段階で、リスク、またはリスクの芽を把握して対応することを目指せないか、と問題提起したい。

現在ではＡＩを活用して、健診や生活習慣に関する様々なデータから、人がＮＣＤｓに罹患する傾向などを読み解くことができるため、ある人の健診データや生活習慣に関するデータを入力することで、その人の将来的な身体的状態（疾病の罹患予測など）を明らかにすることが可能になっている。これを健診で活用することが考えられるのではないだろうか。

そうすれば、実際に罹患またはそれに近い状況（赤信号の状況）ではなく、その前の「黄色信号の状況」で捕捉し、医療の介入ではないアプローチ（運動・栄養・社会参加の３つの要素を計画的に実行するなど）で未然にＮＣＤｓを防ぐことができるのではないだろうか。

〈２〉科学的根拠に則った指導

次に、「科学的根拠に則った指導」についてである。

生活習慣によるリスクの有無が明らかになる中で、リスクのある人に生活習慣の見直しを促す手段として、保健指導がある。しかし、現時点の保健指導は、

・まず、「医療機関の質によって差が著しくある」という課題を抱え、その上で、

・保健指導の内容は、健康番組やネットなどで巷《ちまた》に溢《あふ》れている内容をあらためて指導されていると受け止められてしまうようなものであり、さらには、

・具体的な行動にまで結びつけるだけの情報を持たない中での指導になっている、

という状況である。

つまり、個々の健診結果を見て行われはするものの、個々の保健師が日々の保健指導の中で培ってきた経験則から推察して行われるもので、具体的な行動の内容も、一般的に必要とされる「運動・栄養・社会参加」の必要性と、禁煙や飲酒を控えるなどという内容に終始している。こうした保健指導では、いくら医療機関がその日のうちに指導できるように健診結

果を渡したとしても、忙しい現代人が時間を割いてまで受けようとは思わないだろう。

リスクのある人にしっかりと生活習慣を変えてもらい、医療の介入の直前で踏みとどまってもらうためにも、このような保健指導を変えていく必要がある。

AIを用いてオーダーメイドの保健指導を実現する

先にも記したとおり、最近ではビッグデータやＡＩの活用が、この分野でもチャレンジされており、ある人の健診データや生活習慣のデータを入力すると、状態の将来予測（疾病の罹患リスクなど）に加えて、状態が良くなる生活習慣の提示も可能になっている。

まずは、これを保健指導の現場で活用して、今の経験則による保健指導ではなく、データに則った「状態が良くなる生活習慣」を提示可能にしていくことは解決の一案になるだろう。

そして、その「状態が良くなる生活習慣」をさらに、具体的に一人ひとりが取り組みやすくなるよう、そして、より保健指導を受けてみたいと思うようになるよう、地域に存在するメニューを組み合わせるなどして、具体的にどういう生活をしたら状態が良くなるのかを個別にオーダーメイドのプランの形で明らかにする必要もあるだろう。こうしたオーダーメイドのヘルスプランを作ることを通して、効果的な保健指導を実現することも一案ではないか。

岡山市で開始されたオーダーメイド型の取り組み

これらについて、筆者が出向した岡山市では、大学と、健康増進の環境整備を目的としている民間企業とともに、ＡＩを活用した生活習慣の改善にチャレンジすることとしている。具体的には、健診を実施する医療機関が示してきた健診結果と、その人の生活習慣関連データをＡＩに入力・処理（岡山市の取り組みではウェアラブルでのデータ管理は行わない）させて、その結果を基にして、医療機関の保健師による保健指導が行われる、というものである。保健指導では、先ほど記載した、「個々人のオーダーメイド型」で、しかも「具体的なメニューが示されたプランの作成」まで進めていくことを計画している。

ビッグデータの共有・解析を進めて、ＰＨＲ（Personal Health Record：本人に還元された健康・医療・介護データ）を利用していく環境の具体化の取り組みが、いたるところで開始されている。ＰＨＲによる国民一人ひとりの健康へのインパクトは多大なものであると言われる中で、今回の岡山市のチャレンジは、大学が被用者保険においてチャレンジした成果を基にしつつ、自治体が国保の保険者としてどういう展望を持つことができるのかについて検証するという観点に立ち、まずは、健診・保健指導というＮＣＤｓ対策の最初の入り口の部分で挑戦することとしたものである。

現実的には、岡山市では、費用面の問題と、対象者が高齢者が多くなることなどにより、ウェアラブルを活用したデータ管理などができなかったため、どこまでの効果を見通すことができるのかは不透明ではあるが、ウェアラブルを活用していない場合での結果を見ることで、ＰＨＲを効果的なものとする基盤についても議論が進められるだろう（オランダでは「eHealth」ということで、国を挙げて、こうした基盤整備に力を入れている）。

次世代の健康増進の環境を見据えて

健診や保健指導については、昨今、ＫＰＩ（Key Performance Indicator ＝重要業績評価指標）として受診率などが掲げられ、どの自治体もその数値ばかりを追いかけるという本来の目的を見失うような動きになっている。本来ならば、健診やあらたまった保健指導という手法でなくとも、自らの健康状態がわかる環境と、その健康状態を踏まえてより良い生活習慣を教えてもらい実行を示唆してもらう機会があれば良い。それをどうやって実現すれば良いかを考えていくことが、次の時代につながる。

岡山市で行っているＡＩによる保健指導は、そうした議論の第一歩に過ぎないが、この議論は確実に、日々の健康状態や生活習慣の数値化・データ化を進めて全国民がウェアラブルを活用して各々で管理できるようになり、簡単な保健指導はウェアラブルから受けつつ、専門職によってより良い生活習慣を身に付ける機会もオーダーメイドで提供される、そんな次世代の健康増進の環境につながっていると、筆者は確信している。

〈３〉具体的な行動を促す環境

そして、３つ目の、「具体的な行動を促す環境」について説明をしたい。

健診などで把握できた健康に関するリスクを改善する具体的な取り組みについては、大きく分けて「ハイリスクアプローチ」と「ポピュレーションアプローチ」とがある。

今回は、医療の介入をできる限り減らしていく環境を主題とするという前提から、ポピュレーションアプローチについて紹介したい。

ポピュレーションアプローチは、いわゆる環境づくりである。健康につながる生活習慣を身に付ける重要性は、巷で再三耳にするが、万人が健康至上主義になっているわけではなく、どうしても健康への「無関心層」は存在する。その「無関心層」に関心を持ってもらい、健康増進に取り組んでもらうことは（あらゆるところであらゆる方策が試されているが）、一人ひとりの主義主張を変えていくことにつながるため、ほぼ不可能と言わざるを得ない。

このため、発想を変えて、意識していてもしていなくても「健康になることができる」環境を作り出す、という考え方でチャレンジすることが自然であろうと思う。

具体的な手法としては、まちづくりの基本的な考え方に「健康」を掲げることだろう（この場合の「まちづくり」はハードの面に限定せず、人々の生活環境の整備を意味する）。

ただし、まちづくりに「健康」を掲げると言っても、誰も反対はしないが、積極的に関わってもくれない。それはこれまで、人々の健康は個人の問題であり、対応するのは保健医療関係者、いわゆる医師などの専門職で、あとは、それに行政が「医療費抑制」という視点から要する費用を捻出《ねんしゅつ》して取り組みを進める、というものだったからである。非常に限定的な関係者によって取り組まれるものであり、広がりのないものにならざるを得ず、「健康になるまち」とは言っても、多くの関係者を巻き込んだうねりにまでならなかったのである。

健康になるまちを作り出すためには、「健康増進」の必要性は、まち全体の課題、つまりは社会的な課題であると皆が共有し、それに対して、まちの全プレイヤーに「健康になること」を実現する仕掛けを作り出すことに参画してもらうことが必要である。

こういうことを指摘すると、「あぁ、ソーシャル・キャピタル（social capital＝社会関係資本）ですよね」という言葉が返ってくる。一部は、そのとおりである。「ソーシャル・キャピタル」の主要な役割を果たす地域住民には、もちろん大きな役割を有した存在としてこのまちづくりを一緒に進めていただく必要がある。この「ソーシャル・キャピタル」は、厚生労働省も必要性を長年主張し、今や多くの自治体の保健所の中心的役割となっている。

具体的には、ネットワークを増やし、それによってつながりを増やして、人々が健康になる機会を作り出すというものであり、地域の保健医療専門職に限らず、ヘルスボランティアとして多くの方が多くの自治体で力を注いでいる。こうした地域の意識醸成は、まちで禁煙などに取り組む際にも効果が生まれるし、健康イベントへの口コミなどにも力強い動きになる。

意識していなくても健康になる環境の整備——民間の企業や資金を巻き込む

ただやはり、筆者は、これではまだ、まちづくりに「健康」がテーマになった状況とは言えないと思うのである。「健康」がテーマのまちづくりの目的は、意識をしていても、していなくても、健康につながる生活習慣になる環境の整備である。「ソーシャル・キャピタル」は、意識醸成に主眼が置かれた取り組みであり、「暮らしていて自然に健康になる」ところまでは到達が非常に困難ではないかと思えるのである。

そこで、筆者は、このソーシャル・キャピタルを一歩進めて、企業や金融機関の関与まで想定したものが必要ではないか、と、指摘したい。従業員が健康であれば企業活動は活発になるとして、健康経営の取り組みが賑《にぎ》わっているが、その動きをまち全体に広げようというものである。まちの人たちが健康であるから地域経済は持続し、企業活動も継続できる。まちの人や従業員が健康であれば、企業の保険料の事業主負担の伸びも適正なものになるかもしれない。

実のところ、こうした考えは昨今少しずつ浸透しつつある。たとえば、健康・安全を掲げてプライベート・ブランドの商品を作り出すスーパーが出てくるなど、「健康」を商品の付加価値を高める１つの要素として受け止めて、新たな展開を模索する企業が散見されている。

こうした企業が増えてくれば、「健康」を通して新たな市場開拓や新商品の開発など、企業利益を追求しながら、人々の健康増進に寄与していくような、新たな動きが生まれ、持続可能性が高まる流れが期待できるのではないだろうか。

誤解を恐れずに言えば、「環境負荷」への取り組みを切り口に技術革新や新市場の創出が図られた動きを、「健康」を切り口にチャレンジできないか、ということだ。そうした動きに対し民間資金が投入され、「健康」を実現する商品がまち中に行き渡れば、自然と健康になるまち、つまり「新・ソーシャル・キャピタル」の実現に近づいていくのではないだろうか。

岡山市での公民連携の健康増進の取り組み

この取り組みについて、岡山市では、ＳＩＢ（Social Impact Bond：民間資金を活用して社会課題の解決を目指す公民連携の取り組み）の手法を活用した健康ポイント事業（おかやまケンコー大作戦）を実施し、模索してみている。

健康ポイント事業と言うと「歩いて貯めたポイントを還元するものですよね」という反応が多いが、岡山市の健康ポイント事業は歩くことに重きを置いていない。フィットネスサービスの充実や飲食店での健康メニューの提示、スーパーでの健康に配慮した商品の販売、薬局などでの健康相談、カルチャースクールやボランティア活動などのコミュニティなど、まち中に健康になるきっかけを溢れさせ、企業にはこの「きっかけ作り」を通じ新たなビジネスチャンスを見出してもらい、市民には健康な生活を手に入れてもらうことを狙いとしている。

具体的には、企業や地域によって提供される「健康になるきっかけ」の資源を、市民が利用した場合に、「健康ポイント」を提供する。貯まったポイント数に応じてランキングを作り、上位者に一定額を還元する。利用者の募集については、市民への参加募集に加えて、

・企業の従業員の参加を促して、健康経営の動きを後押しする。
・ヘルスボランティア（岡山市の場合は愛育委員という）や、地域の健康づくりに携わっておられる方々を通じて、地域のグループで参加してもらう。

という仕掛けも作っている。特に企業の従業員の参加については、企業単位での申し込み状況や継続状況のランキングを作り、上位企業には一定額の福利厚生費の支援を行うこととしている。

また、事業の費用は、ＳＩＢ手法であるから、行政は成果に応じた後払いの予算執行となるため、最初は民間資金（出資と融資）を活用して事業を進めることになる。

岡山市の場合、費用に関しては、筆者を中心とした市の職員が、市で暮らしたり働いている人が健康になる環境を作ること、それを「健康なまちづくり」として進めることを目指した事業であり、

・1つの側面としては市民の健康増進を図ることを社会的課題として解決するものとして、
・もう1つの側面としてはＣＳＲ（企業の社会的責任）的な性格を持つものとして、投資や融資にご理解をいただくために、市内の企業や金融機関を回った（商品としての説明ではなく、あくまで、取り組みの方向性についてご理解いただくための説明を行った）。

資料6　SIBとしての仕組み

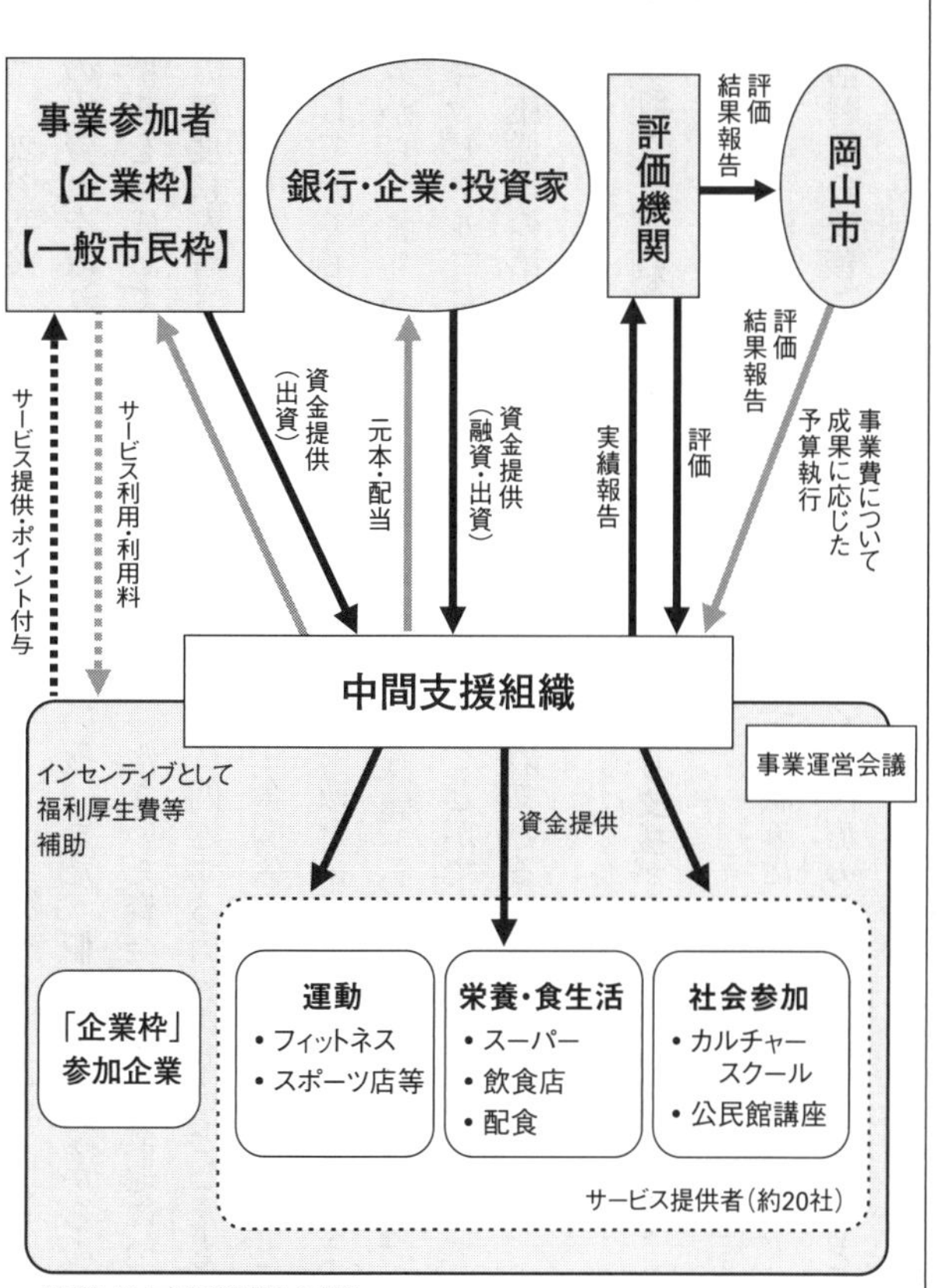

（出典）岡山市作成資料から抜粋

そして、20社程度の地元の企業や金融機関などからご理解をいただき、融資と2500万円程度の出資とを取り付けることに成功している。また、個人の投資家からの投資額についても目標額を達成している。なお、出資していただいた資金に対する償還については、企業の利益の程度に左右されるものではなく、健康に関連する内容を基準としたものとしている。

SIBとしての成果を達成できるかどうかは、各関係事業者の力量に依るところであり、今後注視していく必要はあるが、医療関係者や行政といった限定メンバーによる健康増進の取り組みから、まち全体で健康増進を社会的な課題として取り組む環境整備、「新・ソーシャル・キャピタル」に取り組む動きを作り出すことができたという点において、次の時代に向けた健康増進の第一歩が岡山市で展開され始めていると筆者は考えている。

②医療的・福祉的な課題がある場合には、しっかり支援が介入することについて

ここまで「生活習慣の改善」にチャレンジする試みについて説明してきた。しかし、全てが「生活習慣の改善」で解決するわけではなく、医療の介入が必要になることもある。

また、少し視点を変えれば、昨今話題になった「健康格差」という福祉的な課題が要因で

健康ではない状態になっていくことも起こり得るため、福祉の介入も必要になる。

さらには、こうした医療と福祉の介入に加え、本書における「健康であること」は、

・保健医療の介入がない、または、一定の介入が継続している中で、

・自分のやりたいことに多くの時間を割き、生き生きと暮らしている状態。

としているから、たとえば、疾病に罹患しながら子育てもキャリア構築にもチャレンジできる環境や、高齢者が入院をしたが地域での仕事を続けたいために早期に家で暮らすことにチャレンジできる環境などを実現していく医療・福祉の介入というものも考えられよう。

いずれの効果を期待するにしても、必要な人に必要な医療・福祉の介入が実現することは、本書にある「健康であること」の実現には、重要である。

その「健康であること」を実現するための医療・福祉の介入について、切り口としては、

・「健康であること」を実現するための医療の介入について。

・医療と多分野の福祉との連動。

の２つがある。これらについて考え方を説明していきたい。

「健康であること」を実現するための、医療のあり方とは

今までの医療提供体制は、治癒を徹底的に追求するヘルスケアシステムである。このため、治療効果を追求し、高度医療技術を有する病院が中心となった医療提供体制であった。

当然、こうした治療効果の追求は、今後も必要だ。たとえば、ｉＰＳ細胞やがんゲノム医療など、今までの技術では困難だった治療を可能にする技術を、いかに広く市民に提供できるかを考える必要があるし、また低侵襲《ていしんしゅう》（体に負担のかからない）医療のように、患者の身体的負担の軽減を図る医療技術が積極的に取り入れられることは、非常に重要である。

ただし、高齢化や医療技術の進展、国民生活の成熟化などにより、ＮＣＤｓ対策が中心となる中では、一切病気のない人は少なくなるのだから、今後の人々が求める暮らしの姿としては、疾病を抱えながら（医療と何がしかの関係を持ちながら）自分のやりたいことに多くの時間を割いて生き生きと暮らす状態が最も望ましい（本書は何度もそう主張してきた）。

これを実現しようとする中では、医療は「疾病治療」に注力するだけでなく、治癒を追求しつつも、本書で言う「健康であること」を実現する方策を考える方向に変わる必要がある。

なお、本書内では自明のことであるが、この「健康であること」の実現の必要性は、高齢者に限らない。高齢化を機に議論されることだが、子どもや現役世代、障害を持つ方であっ

ても同様に必要なことであり、治療という部分だけではなく、自分らしく生き生きと暮らす生活をどう成していくかについて、市民全体で医療のあり方を議論していく必要がある。

具体的には、「健康であること」を実現する医療としては、疾病のみを見るのではなく、その人の心身、生活、家族などを含めた全体像の把握を意識した上で、どんな医療の介入（必要であれば福祉の介入も含め）が、その人らしい暮らしを実現するかを考えることになるだろう。

もちろん、完治の可能性があるのならば、それを目指す治療を進めることが第一義になることについては何ら変化の必要はない。ただ、その時、治療による副作用などを踏まえ、たとえば子育てをしている人であれば、治療をしながらの子育てでどこまでのことができるのかなどについて一緒に考え、どういう支援があれば少しは治療と子育てが両立できるのかなどを福祉の介入も頭に浮かべながら解決に導いていくことを示唆するなど、あっても良いのであろう。患者の疾病だけを見るのではなく、患者の生活全体に目配りし、個々の生活を健康の観点からマネージしていくようなことが求められるのではないだろうか。

地域の多様な資源が、統合的なケアを実現する

ただし、筆者は、こうした福祉の介入なども含めた患者への対応を、医師１人や、１つの病院や診療所が行うことを想定しているわけではない。人が生活をする上で重視するものは人それぞれであり、多様なものであるから、それを支える社会的資源にも多様性が必要となり、結果的には、地域社会がベースになると考えている。

在宅医療の現場では、医師を中心として、多様な主体（看護師や薬剤師、リハビリ専門職、福祉職など）が介入して患者の在宅生活を可能にする。この時、当然医師も必要に応じて専門科ごとに複数が連携することも考えられるし、多様な主体も含めた地域版のチーム医療がなされる。それと同様に、医師を扇の要として、市民・市民団体、行政、医療・保健・福祉の関係者、企業など、地域に存在している多様な資源が一体となって統合的なケアを行い、患者が「健康であること」を実現していくイメージである。そして、このイメージするところは、第１章や第２章で散々述べてきた「全世代型の地域包括ケアシステム」を実行した姿である。

具体的には、まず、地域ごとに、様々な診療科の医師・歯科医師・看護師・薬剤師・リハ職・福祉職が一体となり、地域住民の健康に関して個々のケースにチームで対応する支援体制を構築する。そして、診療所の医師が中心となって、一人ひとりの心身の健康状態につい

て相談に応じ、患者が求める健康像を確認する。その上で、必要な対応について、地域の看護師や薬剤師、リハ職、介護職が動けるよう指示をするとともに、福祉や他の資源の活用についても示唆していく（必要に応じて、他の専門診療科の診療所の医師とも連動してサービスの提供を行う）。そして、こうした取り組みを進める場合には、一定期間で一人ひとりの状態の変化を評価すること（地域版のＤＰＣ〔診断群分類包括評価〕の診療報酬）も考えられるだろう。

こうした流れを一足飛びに実現することは大変困難であるが、比較的馴染みのある在宅医療の他に、生活習慣の改善という課題から実証的に試みていくことは考えられるだろう。

医療と福祉の接合の必要性

こうした、地域での統合的なケアの実現を考えた時、重要なことは、医療と福祉の接合である。岡山での取り組みを紹介した時にも触れたが、実際の医療の現場では、すでに医療と福祉が接合しなければ、退院すらさせられないケースが多発している。

現場では、患者の個々の「健康であること」を実現する観点から、必要な支援を考える時代になっているのである。しかし、今まで医療機関は、疾病を治療するための医療を提供す

る機関であったため、非常に苦労している。そこを、

・患者は福祉の課題を抱えている場合があるということを認識して相談対応をすること。

・多様な福祉課題に対応するためにも、1つの医療機関で解決しようとせずに、専門機関につなげること。

・福祉の分野は、積極的に医療からの申し出に介入すること。

こうしたことがスムーズに進むようにし、より多くの患者に「健康であること」を実現できるチャンスを増やすようにしていくことが期待される。

チーム医療・福祉の提供における重要事項

一方で、こうした地域全体で医療と福祉とが一体となったチーム医療・福祉提供体制を実現していくにあたって、最も重要なことが2つある。

1つは、様々な医療・福祉の関係機関が各個人の生活に介入をしていくことになるが、この場合、提供側の尺度のみで判断し、介入を長期間行うことは必ずしも適当ではないことに留意するということである。「健康であること」の尺度は千差万別であり、何を以《もっ》て「健康である」とするかは、あくまで個人が自ら決めるものである。

そして、「健康であること」が目指されるのだから、医療と福祉の介入は、原則としては減らされていくもので、自立に向けた支援を行うというスタンスでの介入が適当である。

つまり、各個人が、良好な状態を決め、その状態を維持・コントロールすることを、医療・福祉が支援し、その介入を徐々に減らしていく、という姿である。

このため、まず、何を以て「健康」とするかについて、国民一人ひとりが自らの生活のあり方（最期の迎え方も含む）を考えていくことが重要となってくる。

こうした取り組みとしてＡＣＰ（アドバンス・ケア・プランニング＝将来のケアについて患者や家族、医療従事者が事前に話し合うプロセス）が昨今取り沙汰されている。しかし、医療費抑制と絡めて話がされたり、最期の「死に方」だけの話と受け止められたり、この取り組みの意義が歪《ゆが》められることが多々ある。ＡＣＰは、自らの「健康であること」、つまりは生活の質や生き方を追求していくことの中で必要なこととして、市民と医師などの専門職とで議論を重ねることを推進していくことが必要であろう。

そして２つ目は、アウトカムと、そのアウトカムを実現するプロセスの両方をしっかり確認し、支援内容を吟味する仕組みが必要だということである。先ほどから述べているとおり、地域でチームとして医療と福祉の提供を進めるわけであるが、個々の資源の投入について評価しても、果たして本当に「健康であること」が実現されているかは別問題である。つまり、医療や福祉の資源の投入に対する一定の評価は必要だが、同時にチームとして、利用者個人の「健康であること」の実現度合いについて、「成果」を議論する環境が必要である。

2. 高齢になっても「健康であること」の実現

35歳以降のアプローチとほぼ同じ

ここまで、ＮＣＤｓへのアプローチを切り口として、比較的現役層に重心を置いて書いてきたが、筆者は、高齢化の中、当然のこととして、65歳以降の高齢者に対してもアプローチが必要との認識にある。

とはいえ、この場合、ＮＣＤｓへのアプローチと全く異なる方法で考えるというものでもない。

どういうことかと言えば、高齢になって直面する（高齢になって突如直面するわけではないが、その頃に顕著に意識させられるようになる）「老い」による虚弱は、結局のところ、それまでの生活習慣の良し悪しに起因するもので、結果的に疾病としてはＮＣＤｓにつながるものだからだ。こうした考えに則った対策を進めるべきと考えているのである。

昨今、東京大学高齢社会総合研究機構の辻哲夫特任教授と飯島勝矢教授が指摘している「フレイル予防」も、結局は、人は歳を取って弱っていく生き物だという前提に立って、その弱っていくことに対して、運動・栄養・社会参加という「生活習慣」に着目し、早期に介入し、弱るスピードを遅くする、というものである。つまり、35歳以降の「健康であること」も、高齢期の「健康であること」も、実現に必要とするものは、運動・栄養・社会参加という「生活習慣」の改善なのだ（アプローチもほぼ同じで、若い層では栄養面で肥満対策に少し重きが置かれるが、高齢層は逆に痩《や》せ対策に重きが置かれるという微々たる違いしかない）。

それでは、高齢になっても「健康であること」について具体策を考えていきたい。

3段階のアプローチ

まず、先ほども記したとおり、人は歳を取って弱っていく。高齢になればなるほど、その「弱っていくこと」、いわゆる「虚弱（フレイル）」の与える影響が大きくなってくるわけであるから、「健康であること」を実現しようとすると、

・まず、この虚弱の程度を早めに確認すること。

・そして、その確認した結果によって生活習慣の改善の方法がアドバイスされること。
・さらに、そのアドバイスされた改善策が確実に実行されていくこと。
の3段階のアプローチが必要になる。35歳以降の項で掲げた具体策とほぼ同じ切り口だ。

少し具体的に見てみると、虚弱の程度を確認する、ということについては、先に紹介した飯島勝矢教授が進めているフレイルチェックがある。また、認知症という疾患が高齢層には大きな課題にもなるため、併せて認知機能のチェックなども必要になってくるだろう。生活習慣病対策としては、健診があるが、こうした高齢の虚弱（認知機能含む）について気軽にチェックできる機会を提供していくことが必要になってくる。

ただ、昨今のフレイルに関する事業は、この「チェックすること」にとどまっている。誤解を恐れずに言えば、チェックをしたらあとは、それぞれの人が生活習慣に気をつけて（各自が地域資源を探し出して使って虚弱にならないように）生活してくださいね、という姿勢である。これでは真に「高齢になっても『健康であること』を実現する環境」だとは言えない。

やはり、チェックした結果を基に、必要な生活習慣の改善法を具体的に示唆し、それを実現する機会が地域のどこにあるかを一人ひとりのケースに応じて教えて、生活習慣の改善の実現を促すことが必要になる。まさに35歳以降の項で示したものと同じアプローチである。

ただ1点、異なることがあるとすれば、指導する機関についてであり、35歳以降の健診の機会であれば（不十分ながら）医療機関や自治体の保健師が指導を行うことになっているのに対し、フレイルの場合は、どこのどういった人が行うのかについて明確にされていない。

この点について、今後の高齢化という背景を踏まえて少し思いきった提案をすれば、介護予防では、運動のリハビリや栄養指導、口腔機能の改善など、効果のエビデンスが集まっている取り組みがあるのだから、こうした知見を基に、専門の機関（リハビリ職や栄養士、歯科衛生士など専門職による高齢者の生活習慣改善のための機関）を設けても良いのではないかと考える。

「人が弱っていくこと」に対して何ができるのかのチャレンジ

岡山市では筆者の出向前から、こうした専門職による介護予防センターが、市内3箇所に設けられていた。ただ、必要性ややるべきことが体系立てて整理されておらず、講習会や体操の実施にとどまっていた。この貴重な資源を最大限に活用して、岡山市では、フレイルチェックの実施と併せ、オーダーメイド型の高齢層の生活習慣改善の試みにチャレンジしている。

具体的には、フレイルチェックは、薬局やまちの保健室など、身近なところで受けられる環境とし、そこでリスクがあるとされた人は、専門職による生活習慣の改善のための個別プランの作成対象になることとしている。そして、介護予防センターなどが、地域の資源を把握して、リスクがあるとされる人が暮らす地域にある資源から、生活習慣を改善する個別プランをオーダーメイドで作成することとしている。

この時、35歳以降の現役層の場合は、職場の所在地などを含めた比較的広域における、フィットネスの活用などが中心となるが、高齢層の場合は、フィットネスの活用なども必要とはなるものの、生活圏域がどうしても現役層と比べると狭くなるため、より詳しく地域の資源を把握して、様々な地域の活動と結びついていってもらうことになるだろう。

そして、仮に重度のフレイルのリスクがある人がいた場合には、医療機関と連携し、投薬治療だけではなく、生活習慣改善の観点から、運動や栄養改善なども含めた示唆が医師から成される仕組みを考えていくことにもしている。医療機関が地域の資源として、「人が弱っていくこと」に対し医学的にどこまでできるのかを考えるようなチャレンジも期待したい。

今後、高齢者が４割、５割の地域は珍しくなくなる。そんな中で、現在の高齢層への生活習慣改善アプローチは、現役層向けの健診と生活習慣改善アプローチの延長線上の取り組みを取るだけのことが多い。これは多分に、介護保険制度ができて、老人保健の考えが少しトーンダウンしてしまったことが要因と考えられる。もはや高齢社会は目前であるから、高齢層向けの生活習慣の改善に比重を置いて取り組む必要がある。岡山市ではその必要性の議論をきっかけに、高齢者をホットターゲットとする生活習慣の改善を促す動きが始まっている。

介護が必要になっても「健康であること」の実現に向けた課題

さて、ここまで、高齢者の虚弱に対する具体的な展開を書いてきたが、これからの高齢社会においては、取り組みとしてこれだけでは充分とは言えないだろう。

人は歳を取って弱っていく。これを考えていけば、弱っていくことを完全に止めることはできず、介護が必要な状態になることが予測できる。つまり、介護が必要になった時であっても「健康であること」を実現する仕組みが必要になる。「健康であること」が従来の「病気でない状態」とするならば、こういう議論は必要なかったであろう。しかし、本書では、これからの時代は、「健康であること」は、単なる病気の有無で判断するものではなく、

・保健医療の介入がない、または、一定の介入が継続している中で、
・自分のやりたいことに多くの時間を割き、生き生きと暮らしている状態。

とし、それがこれから先の国民が望ましいとする状態であるとして考察を進めている。介護が必要になったとしても、どうすれば「健康であること」が可能になるのかを考えていくこと、それが今までの政策と、これからの政策の大きな違いである。

この「介護が必要になった場合」でも「健康であること」を実現していく取り組みには、実は、とても大きな課題が3つある。

課題①――利用者の状態を改善するインセンティブがない

1つ目は、高齢者向けのサービスとして用意されている介護保険制度の仕組みが、介護に要する時間をベースとしており、より時間を要するものにより費用をかけるよう評価される仕組みとなっていることである。このため、状態が悪化するほど高い費用を支払う構造、つまり、サービスを提供している事業者は収益をより多く得ることができる構造となっている。

現在の評価の軸である「介護の手間」とは、結局のところ、体などが十分に動かずにお世話を必要とする時には人手がより多く必要になるということであり、人件費の部分でより多くの費用が発生することに着目されている。この点、合理的な考え方ではある。しかし、昨今、指摘されることが増えてきたが、状態が悪化すればより多くの収益を得られる可能性があるため、事業者としては、利用者の状態を改善しようとすることに考えが及ばなくなってくる、という問題が生じるのである。

課題②――介護保険を使い始めたとたん、悪化を受け入れることになる

2つ目は、介護サービスの内容の大半が「支援」中心であり、「生き生きと暮らす」ことを実現するサービスという視点がない、ということである。

筆者は、お世話が中心のサービスを全て否定しているわけではない。実際に支援が必要な高齢者は存在するし、家族の負担という点から見た時も、お世話型のサービスの必要性は一定程度あることは十分に理解している。しかしながら、全て一律の「お世話型サービス」というのは、介護保険制度を良いものにしないのではないか、と指摘したいのである。

何が言いたいかといえば、生活習慣を理由として虚弱が進み、介護保険制度を使う状態になった場合、介護保険を使うまでは、状態悪化を防ぎ、医療の介入を必要としなくなるところまで改善することを試み、そして自らのやりたいことに邁進できる。しかし、介護保険を使う状態になったとたんに、そのアプローチが弱まって、悪化していくことを受け入れていくことになり、自らやりたいことではなくて、事業所でのレクリエーションなどになる。

介護保険を使う前と使う後とでは、暮らしのスタンスに大きな違いを生んでしまっているのである。何回も述べているが、人は弱っていく。しかし、その弱っていくことを踏まえた上で、それをいかに防いで、自分の生活をより良いものにするかを、「健康であること」として目指すことを前提とする介護保険制度にしていかなければならない。

課題③——高齢者の地域や社会とのつながりを消してしまう

そして課題の3つ目であるが、介護保険制度が介護が必要な人を支える制度のため、状態が悪くなった場合の支援メニューがどうしても議論の中心になるが、それゆえに、介護保険サービスを利用するようになったとたんに、誰も彼もが「支援対象者」という位置付けにされ、地域とのつながりをなくし、生きがいを感じることが難しい状況に陥るということである。

本来ならば、人は歳を取って弱っていくため、それに応じて介護の介入が徐々に増えていくという考え方で進める必要がある。つまり、元気な時に持っている地域や社会とのつながりを消さないような流れの中で、介護の事業所が介入していくようなイメージが理想である。

しかし、今の介護保険制度では、介護の対象になると、極論すれば、たとえば通所介護事業所の場合、家という建物から、車（送迎車）という小さな箱に乗り通所介護事業所という建物に移動する。そして建物に入ると、地域との接点はほとんどなく、日々のメニューが提供されて、また車という小さな箱に乗り、家という建物に戻る。制度上、送迎の際に他に立ち寄ることを良しともしていないから、本当に外に出ることがない。

「健康であること」のためには、社会参加など地域やコミュニティとのつながりが大切になる（社会とのつながりがあることが、その人自身に存在意義や生きている意義を感じさせる）のだが、介護保険制度のサービスの要素には、そういうテイストは薄いと言わざるを得ない。まち中で介護の事業所ができても、そこからの人の出入りは関係者のみで、地域に開かれた事業所（地域の人が事業所に日常的に自然に入っていくような）は数少ないのが現状である。

見直し①――状態改善に取り組む事業所を評価する

こうした３つの課題に対しては、介護保険サービスにおいて、

・状態改善につながる取り組みを試みる事業者が評価される仕組みを導入する。
・状態改善の取り組みを試みる事業者の利用が適切であることを前提としたサービス利用を浸透させる。
・社会や地域とのつながりを生み出す事業所を作る。

の3点の見直しにチャレンジしていくことが必要であろう。そして、これらの実現は「介護」のサービスの意義の転換（「弱っている人への支援」から「その人の力を見出してより良くしていく支援」へ）を促すものになるであろう。

1つずつ具体的に言えば、まず、状態改善の取り組みとしては、

・運動や栄養改善など、介護予防で効果があるとされている取り組みを、積極的に事業所メニューに取り入れること。
・その効果をしっかりと評価し、効果を確認すること。

といったものが考えられるであろう。

こうした見直しについては、厚生労働省も少しずつ取り組みを開始しつつある。

まず、事業所が行った状態改善の取り組みの成果について評価して報酬を加算する仕組みが、平成30年度介護報酬改定において通所介護事業所に導入された。ただし、まだ出された結果にのみ着目するものであるため、具体的なプロセスへの精査を重ねながら、他のサービスへの展開（訪問系や施設系など）が期待される。

加えて、もう一歩チャレンジングなことを言うとすれば、介護保険の仕組みにおいて状態改善などに取り組んだコストについて、評価をもっと高める（状態改善に取り組まなければ

採算が取れないぐらいのものにする）ことを考えることも将来的には必要であると考える。

見直し②――状態改善につながるケアプランの作成にＡＩを活用する

そして次に、こうしたサービスを確実に利用者への提供につなげていくために、サービスを利用する際の計画となるケアプランの作成においても見直しが必要になる。

介護保険制度ができて約20年になろうとしているが、ケアマネジャーが積み重ねてきたケアプランは相当数になっている。そうした中でケアプラン作成は、ケアマネジャーの個性によって千差万別になっているであろう。家族の要望を中心としてしまうものもあれば、お世話型中心のものも相当数あるであろう。いくら介護保険法に「自立」という２文字があり、それを目指すケアプランを、と言われても、どの事業所やどういったサービスにつなげれば状態改善や自立につながるのかを示唆したものもない。この状況では、自立につながるケアプランを作ることなど、とても困難なことであると言わざるを得ない。

そんな中、昨今、ＡＩケアプランの議論が賑わいを見せており、筆者は期待している。今のところ業務効率化の観点からの議論でとどまっているが、そうではなく、せっかく莫大《ばくだい》なケアプランのデータを解析でき、ディープラーニングを通してケアプラン作成にチャレンジする力を得たのであるから、このＡＩに状態改善につながるケアプランを作ってもらい、それをベース（叩《たた》き台）としたケアプラン作成が可能にならないか、と考えている。つまり、

・地域の高齢者の状態像に関する情報をＡＩに把握・解析させる。
・そうして出来上がったＡＩに、個別に利用者の情報を入力する。
・利用者ごとにどういうサービスを提供すれば、どこまでの状態改善につながるのかを示唆するケアプランを作り出していく。

というフローでケアプランを作るようになれば、今以上に、データに則った状態改善につながるサービスを利用者に届けることができるのではないかと考える。

ちなみに筆者はＡＩが出したケアプランをそのまま利用者に渡すことを考えているのではない。ＡＩはあくまでデータから導き出された状態改善につながるプランを出すに過ぎない。

肝心なのはその後である。ケアマネジャーのケアプラン作成について、ＡＩが導き出したプランを叩き台として、状態改善の度合いと利用者や家族の負担感などを考慮しながら、より適切なサービスをプランとして落とし込んでいく、という流れが、今後目指すべきケアプラン作成になると指摘したい。これによって、ベースには状態改善という考えがありつつ、より利用者や家族を考えたプラン作成とサービスの利用につながっていくと考える。

見直し③――社会や地域とのつながりを生み出す事業所を作る

そして、もう1つ、社会や地域とのつながりを生み出す事業所を作ることについてである。方法としては、大きく2つある。

まず1つ目としては、就労や社会参加をメニューとする事業所になることである。就労と言っても最低賃金を確保するものを想定しているわけではないが、農作業（加工含む）や内職、パン作りなどの仕事を通して、地域の魅力づくりのプレイヤーになるということである。

一部の地域、一部の事業所で始まりつつあるが、こうした事業所に来ている利用者の目は本当に輝いている。当然であろう、支援をされているのではなく、必要とされ、役割があり、地域とつながって自分の存在が確認できるのである。やりがい、生きがいを感じているのだ。

社会参加を取り入れている事業所でも同様に、ボランティアとして外国人に日本語を教える取り組みなど、人と触れ、自らの存在意義を感じ、生き生きと暮らすことを可能にしている。こうした社会参加は健康に影響する3要因の1つであり、状態改善の効果が期待される。

そして2つ目の方法としては、地域住民が、介護保険の対象者でなくとも利用するような事業所になることである。たとえばレストラン、作業所、お風呂、フィットネスなど様々考えられる。介護保険の対象者のためだけの事業所にしてしまうと、地域から隔離されてしまう。いざ、自分が利用することを考えた時、そのような場所のサービスを受けたいだろうか。

いくつかの事業所では、就労や社会参加をメニューにする流れで、レストランを展開し、地域の人がそこを利用したり、介護保険の利用者と共に働いたり、と地域の場として受け入れられているケースがある。一見、介護保険の事業所に見えないのだが、むしろその方が、人が健康であることを目指す介護保険サービスとしては、あり方として自然なのではないかと考えさせられる。

そして、もう1点注目すべきことは、こうした事業所はとても雰囲気が良く、職員の目も生き生きとしていることである。こうした、利用者の社会参加や就労を取り入れて地域の中で機能する事業所を実現しようとすると、利用者の力を見出して何ができるかを考えていくことが必要になるが、その成果として喜々として目を輝かせて活動している利用者の姿を見た時、これほどまでに介護職員冥利《みようり》に尽きるものはないであろう。究極の離職防止策の1つとしても考えられると筆者は考えている。

これらの方向性は、厚生労働省も注目し始め、平成30年度の介護報酬改定時に、社会参加など社会とのつながりを創出するサービスを事業所として展開することの検討が必要だと介護給付費分科会でも議論され、平成29年度から研究事業として議論が進められている。

岡山市の取り組み――状態改善や社会とのつながりを生むために

こうした中で、岡山市では平成25年から、状態改善に取り組んで成果を出した事業者にインセンティブを付与する仕組みを特区として導入している。約３００ある通所介護事業所のうち、約１５０から１６０の事業所が参加している。事業所の内容としては、フィットネスのように運動プログラムを展開しているところなどがある。

５年間の成果として、実際に状態改善をした効果（要介護度の改善など）が導き出されている。この成果を基に、平成30年度に厚生労働省と協議を進め、通所介護事業所では引き続き取り組み、その他に訪問介護事業所にも同様の取り組みを進めることとしている。

また、就労や社会参加をメニューとする事業所については、介護サービスにおいて（通所介護事業所を中心に想定しつつ、他のサービスでも同じく検討することとしている）、就労などの社会とのつながりを生むサービス提供について厚生労働省の研究事業に参加し、具体化を有識者とともに検討している。

岡山市の介護保険制度は、今後の高齢社会で真に求められる「高齢になっても自分らしく暮らしていけることを可能にする介護保険制度」の実現に向け、いち早く状態改善に重きを置いて変化を試み、さらには社会参加や就労をサービスメニューにする事業所や、地域に開かれた事業所を増やすなど、様々なチャレンジを開始した。今後の成果など、注視を続けたい。

3．新たな取り組みを実現する基盤——人材と財源

以上、これから日本が直面する（すでに直面しつつある）課題について、国レベルからの見直しや、現場での革新的な動きが必要になる取り組みを書いてきた。とはいえ、これらを進めることは、決して容易ではない。1つには、**医療・福祉分野の人材の問題**があり、もう1つには、**財政の問題**があるからだ。これらの問題は、一朝一夕に解決できるものではなく、イノベーション（革新的見直し）が必要になってくる。それぞれ少し具体的に見ていきたい。

①人材の問題

人材の問題については、地域共生社会の項でも書いたとおり、日本という国の中では、人

材が（外国人を積極的に受け入れていかない限り）限られている以上、とにかく、効率性を追求していくことに尽きる。制度ごとに必要としていた人員を、各分野で取り合うようなことをせず、いかに限られた資源・人材で今まで以上のことをしていくか、その具体的な見直しが早急に必要になる。具体的には、次の3つのことを考えていかねばならない。

課題①——医療・介護・福祉の提供体制を、需要側から考える

まず1つ目を見ていこう。医療や介護、障害福祉は、公費を注ぎ込み、公定価格で運営しているため、どうしても計画経済の性格を有する。具体的には、数年間の事業計画を作り、事前にその間のサービス量を見込んで運営するのだが、自治体での計画策定を見ていると、従来の給付の伸びを土台とする推計と、現時点で供給されているサービス量の数字とで考えられており、「それを維持するためには人材がこれだけ必要です」、そして、「その人材確保に必要な方策は今後に向けた宿題です」となっている。

こうした計画策定方法は、現状追認で乗り切ることができる右肩上がりの時代ならば良い。しかし、人員も資源も限られ、効率的かつ良質なサービスが求められるこれからの時代には、緻密《ちみつ》な人員と資源の配置を考えた戦略ある計画策定が求められる。具体的には、需要側の現

状と将来的なニーズ（数だけでなくどういったサービスが必要かも含めて）について可能な限り把握（理想は164・165ページに記した全数調査）に努めて需要予測を立て、現在のサービス量などと比較し、計画を策定することが必要であろう。

人材の確保・養成は、突如即戦力の人材が多数現れるような秘策はなく、解決には年数を要する課題である。外国人人材の確保に本格的にシフトするのかどうかも含め、福祉系の養成学校などとも一体となった対応方針を考えなければならない。そうだとすれば、この議論のベースとなる計画策定においては、丁寧な需要予測が必要というのは自明であろう。

一方、医療については、地域医療計画の策定において、急性期病院、回復期の病院、慢性期の病院の果たしている機能について、真摯《しんし》な議論をしていかなければならない。

昨今、系列の病院の病床を地域包括ケア病床にしたり、急性期の病院が他の急性期病院ではなく回復期や慢性期の病院をM＆Aすることで、スムーズに急性期の患者を転院させ必要なリハビリなどを提供できるようにしている事例がある。

このように個々の医療機関が、時代とともに必要とされる医療ニーズ（高齢化社会においては早期のリハビリなど）に応えるための合理的な医療提供の形を、経営的観点も含めて考え実現する動きがある。こうした動きにある程度任せることで、効率的な医療の供給は進む。

しかし、計画経済においてどうしても存在する非効率性の部分と受け止めるべきなのだろうが（公費の投入などにより市場原理以外のものが影響し、本来のニーズ以上の供給が生まれ）、急性期の病床がどうしても多く存在し、その結果、医療人材もそこに割かれている。最終的には、各地域での（そうした医療を使っている状況についての）議論に依るところであるが、この状況が続けば、今後の需要側のニーズとかけ離れたものになってしまい（現時点でも一部の高齢者や障害者に必要とする医療が提供困難な事例が起きている）、本当に必要とする分野に人が配分されないことが生じる。

サービスを作り出す費用も人材も限りある中で、今の日本にはできる限り非効率性は排除していきたいものである。公的保険という計画経済の中でそれを進めるためには、全て市場原理に任せる大改革か、徹底した計画経済の動きの確認しかない。国民皆保険制度が浸透しきっている日本においては後者の道がベストだろう。

それぞれの立場から少し離れて、本当に必要とされる医療ニーズはどこなのか、どれぐらいあるのか、というところを、保険者としての都道府県（必要に応じて市町村も）が中心となって、地域の関係者とともに真摯に議論し、必要とする人材や費用の配分について現状と比較しながら確認・検討し、地域医療計画や医師確保計画を作ることが期待される。

課題②——人員の最低基準について、質の管理の議論も含めて見直す

次に２つ目であるが、各制度でサービスとして定義付ける際に決めている人員の最低基準があるが、これについても見直しを検討していくべきだと考える。この最低基準の見直しの必要性は、地域共生社会のところでも書いたとおり、各分野での統合サービスを考える上でも必要になるであろうし、そもそも、最低基準よりもより多くの配置を進めている事業者が圧倒的多数である現状を踏まえると、最低基準の意義について議論していかねばならない。

ただしこのためには、併せて、サービスの質を落とさないような質の管理の議論も必要になる。筆者は、人がいないという理由だけで最低基準を見直し、質の悪いサービスを看過して良いと言いたいわけではない。人材がここまで不足し、福祉系の大学の定員割れは深刻であり、また離職防止策もなかなか効果を見出せない中にあっては、人員を配置すればそれで良いという余裕はこの国にはないのであって、サービスの質を議論する中で、本当に必要な人材数を議論し、そのために必要な政策を打ち出すべきである、と主張しているのである。

課題③——現場に技術革新を、積極的に導入する

そして３つ目であるが、右の２つの議論を進めると同時に、技術革新を、医療・福祉の現

場は積極的に導入していかなければならない。ロボットやＩＣＴ、ＡＩなどの技術が世に相当程度出現し、人々の生活に革命をもたらそうとしているにもかかわらず、なかなか医療・福祉、特に福祉の分野への導入が進んでいない現状がある。この要因としては、まず、技術革新を踏まえた機器の効果（業務効率化）について現場において受け止められていない、ということがある。これは、機器側と、それを利用する現場側のそれぞれに課題がある。

まず、機器側の課題としては、開発されているものの多くが、業務効率化の観点よりも、職員の身体的負担解消に重点を置かれているということである。業務効率化の視点で考えれば、事務処理面でのシステム、見守り機能を持つ機器といったものに加え、直接的な支援も効率化する機器、たとえば、歯磨きを手軽にできる機械、おむつを外すために傾向を把握して計画を立てるＡＩといったものについて、積極的に開発することが必要だろう。つまり、職員の行動をつぶさに分析し、事務業務、間接支援業務（見守りや声掛けなど）、直接支援業務（体に触れて支援するもの）の別にかかわらず、時間や手間を軽減する観点から、機器の開発が進むことが望ましい。

また、機器を利用する医療・福祉の現場サイドの課題としては、どういう機器をどのタイミングで、何のために導入したら良いのかが曖昧なままであることであろう。

機器の導入を進めるためには、事業所において、まず、経営者目線に立って、自らの事業所が人材確保にどの程度困っているのかを精査しなければならない。そして「介護や福祉は人による業務である」という発想がベースにある中で、人の確保の困難性と機器導入の困難性を比較考量し、機器の導入で対応するという考えに切り替えることが必要であろう。

これを促すためにも、具体的に機器を導入して業務効率化を進めた結果、一定のコストベネフィットを得たり人材確保難に光明を見出した事業所を、モデルとして示していくことが必要であろう。

これらの他に、さらに1つ、大きな課題が存在する。機器側が様々な開発を進め効果を明らかにし、現場サイドも機器導入が必要という発想に変わったとしても、契約の内容はほとんどが「買い取り」を前提としているということである。

現段階では、医療・福祉分野での技術革新を踏まえた機器の導入は、どうしてもチャレンジになる。1つ数十万、数百万の機器で、具体的な効果もイメージが難しい状況で、それらを全て承知して導入に踏み切るには余程の覚悟が必要だろう。それができる事業所はそう多くはない。これでは機器の導入が広く浸透するのは難しいだろう。

これについて、買い取り前提での導入（リース契約含む）ではなく、一定期間のレンタル利用を促し、事業所に安心して効果を実感してもらう環境を作るのも一策だろう。岡山市では総合特区の仕組みを使い、岡山県との協議の下、レンタルでの機器導入を可能としている。

　このように、地道に業界に技術革新（業務効率化を促す機器など）を受け入れる環境を整えることを進める必要があるが、一方で、技術革新はとてつもないスピードで進んでいる。自動運転など革新的な技術によって、人々の生活の景色が変わろうとしている。破壊的イノベーションの必要性が叫ばれるといった動きもあり、今まで医療や介護とは縁遠い領域で事業展開していた企業が、その持つノウハウで医療・介護分野の課題を解決しようとする動きも出てきている。先に「健康になるまち」を作るという項でも述べたが、こうした企業の力や動きを、確実に、積極的に、医療・介護の中に取り込んでいくことが必要であろう。

②財源の問題

ＮＣＤｓ対策だけでは財源は確保できない

　次に、財源の問題について見ていきたい。ここまで様々な施策について書いてきたが、それらを実行するには財源が必要だ。右肩上がりの社会保障費という大きな課題を抱える中で、さらに財源が必要と書くことは矛盾を生む。ここでいま一度、状況の整理をしておきたい。

本書は、社会保障費の増大の中でまず取り組むべきことは、ＮＣＤｓ（非感染性疾患）対策だとしている。これからの時代に「自分らしく」「生きがいを感じながら」暮らすことを可能にするため「健康であること」の実現を図るのだが、これは生活習慣の改善を大前提としており、ＮＣＤｓによる医療費の増加を抑制するという効果も期待しているものである。

一方で、このＮＣＤｓ対策の結果（生活習慣の改善により得られた財源創出効果）だけを以て、今まで述べた施策が展開できるとするのは楽観的すぎる見通しだと筆者も考えている。以下、「健康であること」を実現するための財源の考え方として、議論を投げかけたい。

財源を確保するための２つの方向性

今、医療や介護といった制度において、公的サービスとしての給付と、保険料とを調整しているのは、保険者（健康保険事業の運営主体）である。しかし、少子高齢化で保険財政が逼迫《ひっぱく》する中では、保険者は、給付額の伸びから、保険料をいくら取る必要があるか、という給付と負担の帳尻合わせに悪戦苦闘している。

税金と同じような受け止め方をされる保険料の徴収などを行うのであるから、それに心血を注ぐのは当然であろうし、高齢化などによる保険料の増加が問題になっている昨今では、少しでも少ない保険料の設定を求められる状況になっている。このため、先に掲げたような、これからの時代に必要な健康増進の取り組みや、「健康であること」を実現する取り組みに対して、一定額を拠出するような考え方になることは非常に難しい。

こうした厳しい状況下で「健康であること」を実現するため、筆者はこの第4章で、様々な施策の展開の可能性について述べてきた。同時に、「治癒すること」を目指すことも筆者は否定していないので、昨今では新薬などが相当高額となっているが、再生医療やゲノム医療といった先端的な医療技術も可能な限り国民の手に届くような環境も必要と考えている。

これらを合わせて考えた時、財源確保の方向性は大きく2つにならざるを得ないであろう。

1つは、新たな財源を創出すること。そして、もう1つは、より良い医療・介護・福祉の提供を構築する中で、効率性を追求すること、である。

なお、筆者が進めてきた岡山市での健康増進への取り組みにおいては、今の保険者の財政状況下では、保険者が費用を捻出することは難しいと考え、保険者に拠出をお願いするのではなく、（まちづくりのプロジェクトという観点から）地方創生推進交付金を財源とした。

それでは、まず、新たな財源を創出することについて、考えてみたい。

方向性①——新たな財源を創出する

新たな財源を創出するための1つ目の方法は、「健康であること」を実現する取り組みに、投資や融資といった民間資金が投下される環境を作り出すことである。考え方としては、ESG投資（環境・社会・企業統治に配慮している企業を重視・選別して行う投資）の中に「健康増進」という要素を組み込むというイメージに近い。

「健康であること」の追求は、先にも紹介したとおり、人口減少が進む中では、社会的な課題として設定される。「健康であること」が実現されていかなければ、経済的負担と人的負担の両面から、地域、企業、金融機関の持続可能性はなくなっていくからである。

このため、「健康であることとの実現」に資する事業を社会的課題を解決する事業として、企業や金融機関も含めた全員で、その事業に投資する仕組みを作ることが考えられないだろうか。この時、大切な点は、CSRという観点だけで「健康であること」を語るのではなく、企業収益の拡大にもつながるという点も併せて吟味し、一定の収益性を兼ね備えた商品になり得るということを考えていくことである。事業の継続性という点では、こうした経済原理（お金が出資者や事業者との間でしっかりと回っていくこと）を考えていく必要があろう。

具体的な取り組み事例としては、先述した岡山市のＳＩＢ（Social Impact Bond）の取り組みが挙げられる。これはＳＩＢの性格上、公費が最終的に投入されるが、民間資金を確保するという点において、償還の基準を「健康」に資する内容で設定することで、「健康であること」の実現を図る事業への投資、つまり「健康であること」の追求を社会的課題と認識した上での投資、との性格を持たせることにチャレンジしたものである。先述のとおり、企業からも個人からも出資目標額は達成されており、非常に意義深いチャレンジと考えている。

また、少し趣は異なるが、ヘルスケア分野で、グリーンボンドと同様の仕組みを作ることも考えられるのではないだろうか。グリーンボンドは、環境負荷の軽減に効果ある事業を企業が実施する際、そのための債権（環境に関する目的債）を発行して資金を集め、その資金を元手に事業を行い、その事業によるものも含めた企業収益から債券への償還などを行うものである。つまり、環境負荷の軽減に効果のある取り組みを市場ベースで牽引する効果を発揮しており、これのヘルスケア版を作り出すことも考えられるのではないだろうか。

たとえば、先進医療技術に対して何百億円もの資金を集めた投資商品もあり、また、金融機関によっては、健康経営の度合いで利率を変動させるような動きもある。健康増進の市場価値を踏まえた民間企業の新サービス展開を促すことを考えることも、「健康であること」

の実現を推進する1つの手法であろう。

もう1つの方法としては、市場動向を踏まえながらではあるが、民間保険の力をより活用することが考えられるのではないだろうか。筆者は、今の公的保険の役割を、民間保険に代替させることで対応することを考えるべきと言っているのでは決してなく、あくまで、価値観が多様化する時代に「健康であること」を実現する中にあっては、保険というものの選択肢が増えていくことが、政策を充実させていくことにつながる、という視点で主張している。

そしてこれは、熾烈《しれつ》な企業間競争において、他社との差別化を図るという意味でも、企業側にとっても有意義ではないだろうか。

たとえば、先端的医療技術が保険収載されるまでの間、その費用について民間保険を積極的に活用していくことなどが考えられるであろう。先進医療特約などがすでにサービスとして市販されているが、これは、国の先進医療の制度を基に、自己負担となる技術料の部分について民間保険が対応するというものである。こうした点をもう少し拡大し、たとえば、遺伝子医療やｉＰＳ細胞などの再生医療といった、先端的医療技術の活用を積極的に考える人に対する商品を作り出すことなども考えられるのではないだろうか。

また、昨今、健康への取り組み（健診受診など）をすれば、保険料を安くする商品を作っている保険会社がある。この点で、たとえば、保険料を安くするということではなく、認知症の検査や健診を無料で受けられるようにすることを保険のオプションとして用意するようなことも考えられるだろう。

民間保険という手法と政策とがコラボレーションすることで、より国民の負担を軽くしながら、政策効果を行き渡らせることを考えていくことも必要ではないだろうか。

こうした新たな財源の創出を進める一方で、もう1つの方向性である「効率性の追求」についても考えていかなければならない。

方向性②――効率性を追求する

効率性の追求において注意しなければならない点としては、一概に締め付けるということではないということである。大前提となる方向性としては、人材の項でも記載したが、需要サイドと供給サイドで最も効率的な資源のあり方を考えていき、効果的かつ効率的な制度の体系を作り出すということである。医療も福祉も介護もあくまで需要と供給の中で成り立つものであるから、効率的な資源配分の考え方を浸透させる必要がある、と主張したい。

それでは、どういう取り組みがあるかと言えば、やはり、人材の項で記したとおり、具体的なニーズを精査した上でのサービス提供体制の計画策定であろう。

その際、人材や財源の確保までも見据えた、責任ある提供体制について議論することが必要になる。現状追認や、現状の供給量からの推計では、必ず将来的に破綻が生じる。具体的に必要とされるニーズと、そのために必要となる提供体制と、それに要する（人材を含めた）コスト、そして、その持続可能性について吟味し、将来的な展望を具体的な数値とともに示していくことが必要である。将来的な展望がなければ、作り出していたサービス量を、突如として「不要」としなければならない事態も起きかねない。

しっかりとした将来展望を描き、仮にその展望が達成できなかった場合には、自治体として責務を負うような仕組みということも、検討されて良いのではないだろうか。

そして、もう1つの取り組みとしては、前にも少し触れたが、支払いの仕組みについて、構造を満たしていれば支払うというものではなく、エビデンスベースの効果に着目した評価と連動した支払いを徹底するということであろう。

想像していただきたいのだが、たとえば、飲食店で、入り口や店の面積、調理員の人数が一定数いるからといって、どんな味の料理を出しても同じ値段というのは、理解しがたいだろう。少し極端な例を出したが、公定価格ではあるが、良い医療、良い介護、良い福祉をより適正な値段で手に入れることの実現にチャレンジすることは、検討に値すると考える。

たとえば今の介護サービスは、国が定めた基準をベースに考えられた、相当程度に統一感のあるサービスである（通所介護サービスと言えば、サービス内容がなんとなくイメージできる）。しかしそれは今後、価値観が多様になる利用者ニーズには合致しなくなっていく。

先にも記したとおり、（お世話型のサービスにもニーズはあるが）誰も、状態が悪化することなど希望していない。このため、265ページに書いたとおり、介護保険制度にある「自立」を成果として達成するサービス（状態改善）を浸透させていくことは必要であろう。

また昨今の高齢者のニーズは多様である。いつまでも働きたいと思う高齢者もいれば、ジムのような場で体を動かしたいと思う高齢者もおり、趣味の時間を多くの人と分かち合いたいと思う高齢者もいる。そんな思いを可能な限りサービスの中で可能にする仕組みを構築し、多様な資源が存在する地域の中で、269・270ページにあるように「やりがい」「生きがい」などにウェイトを置いた事業所を作り出すことも考えられる。

筆者は、国が定める基準を本当に必要最低限のものとして多様性を受け入れ、高齢者の

「健康であること」をどれほど達成しているかという「評価」を軸とし、それを実現するプロセスについても管理していく仕組みが考えられるのではないか、という問題提起を行いたい。

様々なニーズが存在するこの時代にあって、こうした方向の見直しが実現されない場合には、せっかくの資源を投入してサービス量を増やしても、利用者満足度は低いものとなり、経済学的には最も非効率な状態になる。

アイドルも、最近では、多様な価値観を基にした「アイドル像」に応えるべく、多くのアイドルを生み出して、ファンが自分のお気に入りのアイドルを支援して、真のアイドルたる状態にしていく時代である。介護サービスについても、多様なサービスを認め、利用者ニーズとの合致を追求していくことが必要であろう。

以上のように、人材と財源という、物事を進めていく2つのメインエンジンについて、イノベーションを取り入れていかなければ、いくら立派な絵を描いたとしても、全て絵に描いた餅に終わる。人材と財源については、具体的な取り組みへの早急な議論が必要である。

4．これからの議論に期待すること

今後は、高齢化が進み、人口が減り、人々の価値観は多様なものとなり、「全世代型の地域包括ケアシステム」と、それを構築する様々な施策が必要となる。このような状況では、今までの大量生産・大量消費、金太郎飴のようなサービスでは、今後の日本の足かせにしかならない。多くの費用を投資して、国民のニーズと合致していないものを作り出すという、経済学的に見ても最も効果の薄いものとなるからである。

日本は国民皆保険制度などの素晴らしい仕組みで医療・介護・福祉を支えているが、これを成り立たせているのは多くの人や企業による多大な負担であるから、多様な価値観に応えたものとしていくことは、なおさら必要となるであろう。

一方でこれを、社会保障財政の置かれている環境下において、費用面で実現するためには、4つのアプローチしかない。

1つは、その**支えている方々の負担を増やしていくこと**、2つは、**費用を大幅に削減すること**、3つは、人々の満足度も視野にしっかりと入れつつ、**様々に効率性を追求していくこ**

と、4つは**新たな財源を見つけ出すこと**である。

　4つ目のアプローチとしては、本書でもすでに、健康増進などの取り組みに民間資金を投入することなどを提案したが、1つ目と2つ目は大規模な国民的議論が必要な見直しとなる。

　そしてこうした中にあって、これからの時代において社会保障分野で求められていることと言えば、3つ目の、様々なところで効率的な運営をすることに尽きる（これでいかほどの効果が見出せるかは、関係者の気概にかかっている）。本書でも、たとえば、サービス提供のあり方を見直すことや、アウトカム主義を徹底することなど、しなければならない効率性の追求を指摘してきた。

　ただし、「効率性」の追求は、その議論ばかりではとても息苦しく、未来を感じられないことも承知している。その上で、ここで「その先」として書いてきたことの中で、最も主張したいことは、一人ひとりの「健康であること」を実現する環境整備の重要性であり、まさしくその環境整備を進めるためには、効率性も追求しなければ、実現する目処《めど》は立たないということである。

　このことを少しでも多くの方にご理解いただいて、効率性の追求に向けた議論と実行を一歩でも進めることができればと思う。

おわりに

本書は、データから現状を整理して、これからの社会保障のあり方を積み上げ型で書き上げた学術的なものや、厚生労働省の取り組みを説明した白書のようなものではなく、1人の厚生労働官僚が多くの方々とふれあう中で知見を教授いただき、様々な場面で議論し、柏市と岡山市に出向して事業に取り組み、そして必要であろうと考える「姿」について書き起こしたものである（このため、本書は組織の意見、考えというのではなく、あくまで筆者個人の考えを記したものである）。

そうした意味では、フィールドワーク的な観点に立ち、実際に自らが手がけたものも含めて、一部の地域で動きつつあるものをベースとして書き起こしており、その内容は理想を掲げたというものではなく、実現可能性を意識したものという点では自負している。

また、ＡＩなどイノベーションを踏まえつつ多くの人がチャレンジしようとしていることについても、絵空事ではなく、じつは、少しずつ実現に向かって進んでいるという状況についても示唆できているのではないかと思う。

　これからは、イノベーションが飛躍的に我々の生活に影響を及ぼし、自動運転などに見られるように、生活そのものが変わっていくということが多々起こるであろう。つまり、技術革新により、生活スタイルや暮らしにおいて現時点で基本としていたものが大きく変わっていく（たとえば、自動運転が普及すれば、コンパクトシティのような考え方はなくなるかもしれない）。そうした中での保健医療のあり方については、本書で記述した内容とは異なるものになるものもあるであろう。

　しかし、こうした技術革新を社会として組み込んでいくためには、その技術革新が生活の中で財源の部分でも許容されていくことが重要になる（たとえばスマートフォンも、高額な本体機器の負担について、各携帯販売の企業が様々な商品として検討を重ね、人々が支払い可能な水準を実現するなどしている）。特に、保健医療に関する技術革新については、国民皆保険制度の中でイノベーションをどう受け止めるかについて議論が必要であり、そのためには、第4章でも記載したとおり、効率性を追求すること、新たな財源を見つけ出すこと、が必要となる。社会として受け止める力（基盤）が十分ではない中で、技術革新というドラ

えもんにすぐに頼ったとしても、技術革新の力を十分に効果あるものとすることはできないであろう。一方で、

・人口が減っていくことに対して、「全世代型の地域包括ケアシステム」を、取り組みとして進めること。
・価値観が多様化していく中で人々のニーズに合致したものを提供すること。
・高齢化が進展する中で、暮らしにおいて追い求めるものとしての「健康であること」の実現。

という社会的な背景からチャレンジすべきと考えられる事項は、技術革新があろうがなかろうが変わらない。

イノベーションが飛躍的に我々の生活に影響を及ぼす時点で暮らしをより良いものにするためには、イノベーションを社会として受け止める力を確保すること、また、社会的背景から取り組むべきことに取り組むこと、という2つの観点で、まずは、本書で述べたようなチャレンジを着実に実行していく必要がある。一歩一歩の地道な歩みの先に、技術革新が及ぼす素晴らしい未来がある。

世界に先駆けて高齢化・人口減少に直面する日本が、現世代はもちろん、次の世代に素晴

らしい未来を残すことができるよう、１つずつ実行していくことを、我々は努力していかなければならない。

最後に、本書を書くにあたり、厚生労働省での昼夜を問わない仕事や岡山市での単身赴任を支えてくれた妻と息子、娘には本当に心から感謝したい。また、厚生労働省で日々熱い議論とご指導をくださった、森真弘様、古川弘剛様、野崎伸一様、遠坂佳将様、松本直樹様、元老健局長の宮島俊彦様、柏市でともに在宅医療の負担軽減システムの構築に尽力くださった金江清先生、長瀬慈村先生、松倉聡先生、古田達之先生、柏市の職員の島澤智宏様、梅澤貴義様、藪崎慶子様、柏市での取り組みに限らず保健医療について大所高所からご指導くださった、東京大学高齢社会総合研究機構特任教授秋山弘子先生、同特任教授辻哲夫先生、岡山市で一緒になって様々な施策の実現にチャレンジしてくださった三浦寛人先生、岡山市の職員の宮地千登世様、西謙一様、岸川和忠様、森峰清様、江口英典様、高木由里様、松岡克朗様、日下裕介様、日頃から多岐にわたりご助言いただいた早稲田大学人間科学学術院准教授松原由美先生、慶應義塾大学大学院教授堀田聰子先生には、心から御礼申し上げたい。

野村晋（のむらしん）

1980年大阪府豊中市生まれ。1999年愛光高等学校卒業。2003年大阪大学経済学部卒業、厚生労働省入省。老健局で介護報酬改定を担当、また地域包括ケアシステム構築の議論に携わる。'10年千葉県柏市に出向、東京大学高齢社会総合研究機構とともに「長寿社会のまちづくり」を牽引し、数少ない自治体中心による地域包括ケアシステムの先進事例をつくる。'12年厚生労働省に戻り「厚生労働省まち・ひと・しごと創生サポートプラン」「保健医療2035」「地域共生社会」の策定に携わる。'17年岡山市へ出向。柏市での経験を基に地域包括ケアシステムの具現化に取り組み、在宅医療を推進。健康をテーマに幅広い施策を展開し、民間企業からの出資も実現。'19年4月厚生労働省に戻り最先端医療技術の進展に携わる。同年7月から医政局総務課。

「自分《じぶん》らしく生《い》きて死《し》ぬ」ことがなぜ、難《むずか》しいのか

行《い》き詰《づ》まる「地域包括《ちいきほうかつ》ケアシステム」の未来《みらい》

2020年3月30日初版1刷発行

著　者 —— 野村晋

発行者 —— 田邉浩司

装　幀 —— アラン・チャン

印刷所 —— 萩原印刷

製本所 —— 国宝社

発行所 —— 株式会社光文社
東京都文京区音羽1-16-6(〒112-8011)
https://www.kobunsha.com/

電　話 —— 編集部03(5395)8289　書籍販売部03(5395)8116
業務部03(5395)8125

メール —— sinsyo@kobunsha.com

R＜日本複製権センター委託出版物＞
本書の無断複写複製（コピー）は著作権法上での例外を除き禁じられています。本書をコピーされる場合は、そのつど事前に、日本複製権センター（☎03-3401-2382、e-mail : jrrc_info@jrrc.or.jp）の許諾を得てください。

本書の電子化は私的使用に限り、著作権法上認められています。ただし代行業者等の第三者による電子データ化及び電子書籍化は、いかなる場合も認められておりません。

落丁本・乱丁本は業務部へご連絡くだされば、お取替えいたします。
© Shin Nomura 2020　Printed in Japan
ISBN 978-4-334-04467-1

1053

女性リーダーが生まれるとき
「一皮むけた経験」に学ぶキャリア形成

野村浩子

女性の思考と行動が社会を変える——。四半世紀にわたって女性リーダーの取材を続けてきた著者が国内外の女性役員にインタビュー。キャリア形成のヒントを探る。【推薦・金井壽宏】

978-4-334-04463-3

1054

自己分析論

高橋昌一郎

「私とは何か」は答えのない問いだから、日本の学生が苦しんで当然。就活で便利ツールを使った攻略法から人生における「本当の自分発見」まで。探究を続ける人のための道案内。

978-4-334-04464-0

1055

搾取される研究者たち
産学共同研究の失敗学

山田剛志

突然届いた特許の「権利放棄書」、企業からの無理難題、研究者を守らない大学、心を病む助教、院生、学生……。産学共同研究政策は、研究者のためになっているのか？

978-4-334-04465-7

1056

芸術的創造は脳のどこから産まれるか？

大黒達也

創造性とは何か？ 脳科学や計算論、人工知能に関する膨大な論文を通じて、「天からの啓示」とされる閃きのメカニズムを解析。カギは「脳の潜在記憶」にあった。

978-4-334-04466-4

1057

「自分らしく生きて死ぬ」ことがなぜ、難しいのか
行き詰まる「地域包括ケアシステム」の未来

野村晋

何が「地域包括ケア」の実現を不可能にしているのか。現役厚労官僚が柏市や岡山市での実践を基に具体的な行政手法を紹介。自治体や医療・福祉関係者、企業や市民に次の一歩を促す。

978-4-334-04467-1